# Die Jugendkultur der Ultras

## Zur Entstehung einer neuen Generation von Fußballfans

Besuchen Sie auch die Webseite zum Buch: www.jugendkultur-ultras.de

Marcus Sommerey

# DIE JUGENDKULTUR DER ULTRAS

## Zur Entstehung einer neuen Generation von Fußballfans

*ibidem*-Verlag
Stuttgart

**Bibliografische Information der Deutschen Nationalbibliothek**
Die Deutsche Nationalbibliothek verzeichnet diese Publikation in der
Deutschen Nationalbibliografie; detaillierte bibliografische Daten sind im
Internet über http://dnb.d-nb.de abrufbar.

**Bibliographic information published by the Deutsche Nationalbibliothek**
Die Deutsche Nationalbibliothek lists this publication in the Deutsche Nationalbibliografie;
detailed bibliographic data are available in the Internet at http://dnb.d-nb.de.

Coverbild: fans © pdesign #8516312 / www.fotolia.com

∞

Gedruckt auf alterungsbeständigem, säurefreien Papier
Printed on acid-free paper

ISBN-10: 3-8382-0051-9

ISBN-13: 978-3-8382-0051-4

© *ibidem*-Verlag
Stuttgart 2010

Printed in Germany

# Vorwort

Die Entscheidung, mit dieser Studie zwei meiner Leidenschaften zu verbinden, habe ich ganz bewusst getroffen. Auf der einen Seite ist da der Fußballsport mit seiner lebendigen Fanszene, die mich von Kindesbeinen an begeistert hat. Durch zahlreiche Stadionbesuche der „Ruhrpottvereine" und durch mein großes Interesse an der italienischen Liga „Serie A" und Juventus (Turin) F.C. wurde meine Begeisterung für diesen Sport und dessen Fanszene immer wieder neu entfacht. Mit dem Studium der praxisorientierten Sozialwissenschaft an der Universität Duisburg-Essen kam das Interesse an der Lebensphase Jugend und der Jugendforschung auf.

Es lag auf der Hand, mit dieser Studie eine neue Jugend(sub)kultur zu erforschen und zu beschreiben, deren Genese in der Fußballszene liegt. Im Januar 2008 veröffentlichte ich einen kurzen, zusammenfassenden Artikel der Ergebnisse in einer Fachzeitschrift, womit für mich das Thema „Ultras" eigentlich abgeschlossen werden sollte. Doch dem war nicht so. Das Phänomen „Ultra", diese extrem lebendige und sich stets wandelnde Jugendkultur, ließ mich nicht los und die Recherche in Literatur und der Szene ging, beflügelt durch die enorm positive Resonanz auf den Artikel, nach kurzer Zeit weiter. Ich entschloss mich also, diese Studie zu erweitern und als Buch zu veröffentlichen.

Somit entstand der vorliegende Titel in zwei Etappen. Doch bis zur endgültigen Fertigstellung und Veröffentlichung des Buches, an dem ich neben meiner beruflichen Tätigkeit und der für mich bis dato neuen Rolle des Vaterseins gearbeitet habe, war es ein langer, intensiver Weg, der ohne die Hilfe einiger Menschen nicht möglich gewesen wäre. Deshalb sollen diese hier nicht unerwähnt bleiben.

Ein erstes Dankeschön geht an Christof Maria Stracke und Carsten Frieburg, die mich während meiner Diplomarbeit, die die Basis für diese Studie bildet, betreut haben. Des Weiteren bedanke ich mich beim ibidem-Verlag und seinen Mitarbeitern, insbesondere bei Valerie Lange, für das entgegengebrachte Vertrauen und das Interesse an meiner Arbeit sowie für die Möglichkeit, meine Ergebnisse als Buch zu veröffentlichen. Ich danke der gesamten Ultraszene, besonders den Befragten in Deutschland und Italien.

Besonderer Dank gilt meiner Frau Caroline und meinem Sohn Julius, die mir viel Zeit und Geduld für dieses Buch schenkten, aber mehr noch dafür, dass sie meinen Enthusiasmus für Fußball zwar nicht teilen aber ertragen, meinem Bruder Thomas und seiner Frau Claudia nebst Julia Marie und insbesondere meinen Eltern, die mir nicht nur im Studium auf jede erdenkliche Art und Weise geholfen haben und mir durch ihre unvergleichliche Förderung und Unterstützung stets eine Hilfe waren und es noch immer sind.

Bochum, im Januar 2010
Marcus Sommerey

*„Der Fußball ist ohne Fans überhaupt nichts.*
*Die Fans sind das Lebenselixier des Spiels.*
*Je eher die Leute dies verstehen,*
*desto besser wird das Spiel."*

**Jock Stein, schottische Trainerlegende**

# Inhaltsverzeichnis

X

# 1. Einleitung

In Italien kennt man sie schon lange. Dort dominieren sie seit Jahren das Zuschauerbild der Fußballszene. Die Rede ist von Gruppierungen, die sich selbst Ultras nennen. Seit Mitte der 90er Jahre drängt sich auch in Deutschland diese neue Jugend- und Fankultur immer mehr auf und ist heute bei fast jedem Fußballverein der ersten drei Ligen zu finden. Auf den ersten Blick ähneln diese Gruppen stark den italienischen. Mit bunten, spektakulären Choreographien, überdimensionalen Fahnen und Spruchbändern, lautstarken Gesängen und Anfeuerungsrufen, angeführt von einem mit Megaphon ausgestatteten Vorsänger sind sie ein echter Blickfang für die Medien und sollten so auch gern gesehener „Gast" der Vereine sein.
Gäbe es da nicht die Kehrseite der Medaille. Denn vielen Vereinen und Verbänden sind die Ultras ein Dorn im Auge, da sich diese neue Fankultur sehr kritisch mit der Vereinsführung und auch dem Umgang des Vereins mit seinen Fans auseinandersetzt. Ebenso wenden sie sich gegen den modernen Fußball, explizit gegen die Kommerzialisierung und Eventisierung des Fußballsports allgemein.

In der öffentlichen Wahrnehmung sind Ultras fast immer mit gewaltbereiten Hooligans gleichgestellt. Selbst das Magazin „Der Spiegel" vermag eine Annäherung dieser beiden Szenen entdeckt zu haben und titelt im Januar 2005: „Ultra-Fans: Auf den Spuren der Hooligans" (vgl. Kröner 2005). Die Ultraszene hingegen fühlt sich unverstanden und beklagt zunehmende Repressionen gegen ihre Gruppen. Ein Grund für diese Missverständnisse liegt sicherlich in der Unwissenheit vieler über diese Szene. Denn das Interesse sozialwissenschaftlicher Forschung an dieser Thematik war bislang sehr gering und wird erst langsam größer. Die Zahl an veröffentlichten Zeitungsartikeln und Fernsehbeiträgen über Ultras scheint genauso schnell zu wachsen wie die Gruppen selbst. So bestimmen die Ultras heute in fast allen Stadien akustisch wie auch optisch das Zuschauerbild.

*Zur Struktur der vorliegenden Studie*

Die Studie ist in vier wesentliche Hauptpunkte gegliedert.

Zu Beginn werden wesentliche gesellschaftstheoretische und sozialpsychologische Ansätze dargestellt und miteinander verknüpft. So soll erläutert werden, warum sich Menschen sozialen Gruppen, wie den Ultras, anschließen, und welchen Nutzen sie daraus ziehen.

Das darauf folgende Kapitel beschäftigt sich mit der Geschichte des Fußballs und der Fans. Die Ultras scheinen eine sehr traditionsbewusste Szene zu sein. Was meinen sie mit Aussagen wie „Gegen den modernen Fußball"? Warum stellen sie sich gegen eine Kommerzialisierung und Eventisierung des Fußballs? Um das zu verstehen, muss die Geschichte des Fußballs und der Fankultur aufgearbeitet und beschrieben werden, angefangen bei der Entstehung des Spiels in England und Deutschland über die Zuschauerentwicklung bis hin zur Entstehung des Fans. An dieser Stelle liegt es nahe, die Fanszene einer Differenzierung zu unterziehen. Wer ist eigentlich Fan? Was macht einen (echten) Fan aus? Welche „Arten" von Fans sind über die Jahre entstanden?

Das Kapitel „Fankulturelle historische Ereignisse und Entwicklungen" greift die im vorangegangen Kapitel beschriebenen Entwicklungen auf, bezieht sich aber nur auf zwei für die Ultraszene relevante Ereignisse. Dies sind zum einen Unfälle und Katastrophen, die das Bild des Fußballfans in der öffentlichen Wahrnehmung verändert haben, und zum anderen die rasante Entwicklung der Kommerzialisierung, die auch direkten Einfluss auf den Wandel der Fankultur hat.

Das Kapitel „Die Ultraszene" beschäftigt sich mit der neuen Fankultur an sich. Beschrieben wird die italienische Ultraszene, die als

Vorlage für die deutsche gilt, sich aber heute in wesentlichen Punkten von ihr unterscheidet. Weiterhin gebe ich einen detaillierten Einblick in die Szene, beschreibe Rituale, Symbole, Feindbilder und grenze immer wieder zu anderen Fanszenen ab.

*Zielsetzung*

In dieser Studie soll die Ultraszene in Deutschland detailliert beschrieben werden. Entstehung, Zusammensetzung, Stil, Selbstdarstellungsformen und Orientierungen dieser neu entstandenen Jugendsubkultur sollen erforscht und in Beziehung zu Veränderungen im Fußball und in der Gesellschaft gesetzt werden, um Faktoren zu identifizieren, die dazu beigetragen haben, dass diese neue Fan- und Jugendkultur entstehen konnte. Dabei soll auch die Forschungsfrage, ob von den Ultras eine überdurchschnittliche Gefahr ausgeht, geklärt werden.

*Methode*

Die vorliegende Studie orientiert sich am Strukturmodell für nichtexperimentelle Forschung, wie es in der empirischen Sozialforschung nach Kromrey beschrieben wird (vgl. Kromrey 2006: 107ff). Nichtexperimentelle Forschungsformen unterscheiden sich von Experimenten vor allem dadurch, dass sie weniger dazu dienen, Ursachen- und Wirkungszusammenhänge zu untersuchen, sondern eher für beschreibende oder erkundende Aufgaben verwendet werden. Es sei ausdrücklich darauf hingewiesen, dass es sich bei diesem Strukturmodell keineswegs um ein Ablaufmodell handelt, im Sinne fortlaufender Prozesse, sondern dass sämtliche Teilschritte untereinander vernetzt sind.

Zu Beginn des Modells steht die Hypothese der Untersuchung, die hier abgeleitet von der Forschungsfrage lautet: Von den Ultras geht derzeit keine überdurchschnittliche Gefahr aus.

Der Begriff der Gefahr wird hier mit Gewaltverhalten verknüpft. Angesichts eines Gewaltbegriffs, der durch die beständige Ausweitung seines Geltungsbereichs „konturenlos" (v. Trotha 1998: 14) geworden ist, halte ich es für sinnvoll, den Gewaltbegriff an die subjektiven Deutungen der Akteure (und zwar von allen Beteiligten: Ultras, Ordner, Polizei) zu binden. Demnach handelt es sich bei Gewalt um die absichtsvolle sowie unfreiwillige körperliche Verletzung anderer. Dieser Gewaltbegriff ist damit rein auf die physische Gewalt begrenzt.[1]

Einen zentralen Bestandteil des Strukturmodells stellt die semantische Analyse dar. Sie dient der Erschließung von Begriffsbedeutungen des Untersuchungsgegenstandes und klärt in diesem Fall sowohl unter Punkt 2 als auch unter Punkt 5 die Begriffe Fan, Ultra und Jugendkultur. Alle Aussagen, die in dieser Studie vorgenommen werden, beziehen sich auf Ultragruppierungen aus dem deutschen oder dem italienischen fußballkulturellen Bereich. Gegen Ende werden die Ultraszenen in anderen Ländern und anderen Sportarten vorgestellt.

Um die Forschungsfrage bearbeiten zu können, müssen nun Beobachtungsmerkmale der Gewalt definiert werden. Als Indikatoren hierfür sollen jegliche Verhaltensweisen der Ultras gelten, die in irgendeiner Form aggressiv, provokant, gewalttätig und gewaltverherrlichend sind und so gewalttätiges Handeln fördern. Diese Merkmale werden nun in Form von Korrespondenzhypothesen formuliert. Eine mögliche Korrespondenzhypothese könnte hier wie folgt lauten: Je martialischer das Auftreten der Polizei gegen Ultras ist, desto aggressiver treten die Gruppen auf. Auf Korrespondenzhypothesen wird im Folgenden aber nicht explizit hingewiesen. Sie ergeben sich aus dem Text.

---

[1]   Zur Diskussion des Gewaltbegriffs vgl. von Trotha 1998.

Als Untersuchungsinstrument bedient sich die Arbeit der Aufarbeitung relevanter Webseiten und der vorhandenen Literatur. Insgesamt wurden 26 Webseiten der ersten und zweiten Fußballbundesliga sowie hierarchisch tieferer Ligen und acht Webseiten von italienischen Ultragruppen in die Analyse einbezogen. Des Weiteren wurden erste Erkenntnisse, die die Webseiten und die Literatur lieferten, durch kurze narrative Interviews mit Vertretern von Ultragruppen via E-Mail verifiziert. Diese qualitative Methode der Sozialwissenschaften konnte, wie sich gleich zeigen wird, aufgrund der sehr kleinen Stichprobe nur der Überprüfbarkeit erforschter und getroffener Aussagen und Hypothesen dienen.

Nach Anfragen bei allen deutschen Ultragruppen aus den eben erwähnten Ligen konnte die Anzahl potentieller Interviewpartner sehr schnell auf vier eingegrenzt werden. Alle weiteren Anfragen wurden entweder nicht beantwortet oder die Ansprechpartner wollten ausdrücklich nicht an der Befragung teilnehmen, änderten ihre Meinung oder stellten sich als nicht zuverlässig heraus. Erfreulicherweise handelte es sich bei den teilnehmenden Personen um Ultragruppenmitglieder aus vier ganz verschiedenen Regionen Deutschlands (Berlin, München, Stuttgart und Duisburg). Die Interviewpartner waren jeweils die führenden Köpfe der Gruppe.

Des Weiteren ist anzumerken, dass sicherlich der Unterpunkt 5.15 der interessanteste ist, um die in der Zielsetzung dieser Arbeit verankerte Forschungsfrage zu beantworten. Jedoch werden (natürlich) alle hier dargelegten Prozesse und Entwicklungen für die Bearbeitung relevant sein.

In diesem Buch wird aus Gründen der Lesbarkeit auf die Unterscheidung von Begriffen in eine männliche und eine weibliche Form verzichtet. So sind beispielsweise mit dem Begriff „Zuschauer" sowohl der männliche Zuschauer wie auch die weibliche Zuschauerin gemeint.

Weiterhin wird die deutsche Schreibweise Ultra anstatt der szene-üblichen und italienischen ultrà verwendet.

Die Übernahme wörtlicher Zitate von den Homepages ist ohne Prüfung der Rechtschreibung erfolgt und durch kursive Schreibweise kenntlich gemacht.

# 2. Theoretische Grundlagen

## 2.1 Problemumfang, Bezugspunkte und Konzeption

Im Verlauf dieser Arbeit wird sich zeigen, dass die Ultraszene in manchen Bereichen eine regelrecht extrovertierte Szene ist und nicht daran spart, Selbstauskunft über ihre Kultur zu geben. Diese Eigeninterpretationen lassen jedoch keinen objektiven Blick auf diese Jugendkultur zu, da sie stark an die eigene Position innerhalb der Szene gebunden sind. Sie sollen hier aber dennoch ernst genommen werden. Der primär deskriptive Teil dieser Arbeit allein reicht aber so nicht aus, das Phänomen Ultras angemessen zu beschreiben und der eingangs definierten Forschungsfrage nachzugehen.

> „Vielmehr ist es sinnvoll, die Zielsetzung und Fragestellung im Kontext sozialpsychologischer und sozialhistorischer Theorien zu betrachten, da die Entstehung und das Verhalten der Ultras, wie jedes menschliche Verhalten, nur dann sachgerecht zu beurteilen ist, wenn es in den Kontext übergreifender gesellschaftlicher Probleme und Wandlungsprozesse gestellt wird. Demzufolge kann auch nur dann richtig darauf reagiert werden." (Sommerey 2009 b: 354)

Im Hinblick auf die Ergebnisse unter 5.5 ist der Untersuchungsgegenstand Ultras eindeutig im jugendkulturellen Bereich anzusiedeln. Es wird sich zeigen, dass das Durchschnittsalter der Gruppenmitglieder, die in der Ultraszene aktiv sind, zwischen 15 und 25 Jahren liegt. Daher ist eine sozialisationstheoretische Fragerichtung angemessen, was ich im Folgenden weiter begründen möchte.
Zunächst: Die Lebensphase Jugend hat sich in den letzten 50 Jahren in allen westlichen Gesellschaften kontinuierlich ausgedehnt. Klaus Hurrelmann, Sozial- und Gesundheitswissenschaftler, wertet diesen Abschnitt zwischen Kind und Erwachsenem daher zu Recht

als eigenständige Lebensphase, die mittlerweile durchschnittlich 15 Jahre (etwa vom 12. bis zum 27. Lebensjahr) andauert. In dieser Zeit setzen sich Jugendliche besonders intensiv mit ihrer körperlichen und seelischen Innenwelt und der sozialen und gegenständigen Außenwelt auseinander (vgl. Hurrelmann 2007: 7).

> „Hier wird deutlich, dass Persönlichkeits- und Gesellschaftsentwicklungen miteinander korrelieren. So wäre die Verwendung eines Konzepts förderlich, welches sowohl gesellschaftstheoretische als auch sozialisations- und identifikationstheoretische Bezugspunkte anbietet." (Sommerey 2009 b: 354)

Das Konzept der Individualisierung, wie es Elias aber mehr noch Beck (Elias 1985; Beck 1983, 1986) herausgearbeitet haben, steht an der Nahtstelle zwischen psychologischen und soziologischen Denktraditionen und ist deswegen überaus geeignet für die Jugendforschung und daher auch für den Untersuchungsgegenstand dieser Arbeit (vgl. Heitmeyer / Olk 1990: 12).

Nachdem nun die theoretische Grundlage aktueller Jugendforschung skizziert wurde, bedarf es noch einer Identifizierung relevanter sozialwissenschaftlicher bzw. soziologischer Dimensionen, die für die Betrachtungsweise von Jugendkulturen wichtig sind. Welche Eigenschaften, Charakteristika, Wesenszüge, Merkmale, Aspekte, Werte, Sachverhalte etc. müssen Teil einer detaillierten Szenen-Ethnographie sein (vgl. Schäfers / Scherr 2005: 135)? Nach Schäfers und Scherr sollten folgende Dimensionen berücksichtigt werden:

> • „Selbstdefinition und thematischer Fokus, z.B. politische Jugendkulturen, ästhetische Jugendkulturen, erlebniszentrierte Jugendkulturen,
> • thematische Reichweite, z.B. umfassender Entwurf einer erstrebenswerten Lebenspraxis vs. eng begrenzte freizeitbezogene Orientierungen,
> • sozialstrukturelle Verortung, z.B. Kulturen von Arbeiterjugendlichen oder Mittelschichtenjugendlichen,

- geschlechtsbezogene Orientierung und Zusammensetzung (masku-
line vs. egalitäre Jugendkultur),
- Identifikationen, Abgrenzung und Gegnerschaften (etwa im Verhältnis zu politischen oder religiösen Ideologien, zu Kirche und Parteien oder zu anderen Jugendkulturen),
- Strukturmerkmale der Gruppe- und Netzwerkbildung: egalitäre vs.
hierarchische Strukturen; Identifikationsgrad, soziale und zeitliche
Bedeutung der Jugendkultur für ihre Mitglieder; exklusive vs. mul-
tiple Zugehörigkeiten,
- Grad und Form der Abgrenzung von gesellschaftlichen Institutionen
sowie den Werten und Normen der dominanten Kultur." (ebd.)

Die weitere vertiefende theoretische Abhandlung dieser Arbeit ist in
drei Unterpunkte gegliedert, die inhaltlich aufeinander aufbauen
und nicht losgelöst voneinander betrachtet werden sollten. Anhand
von Ulrich Becks Theorien erfolgt zunächst eine Gegenwartsbe-
schreibung, eine Charakterisierung der heutigen Gesellschaft, in die
Jugendliche hineinwachsen. Es werden Veränderungsprozesse beschrieben, die Hinweise auf die zunehmende Bedeutung von Jugendkulturen geben, und es wird erklärt, welchen Nutzen Jugendliche aus solchen Kulturen ziehen. Diese inneren und teilweise auch
äußeren Prozesse werden abschließend am Konzept der sozialen
Identität nach Tajfel und Turner skizziert. Des Weiteren wird hier
ebenfalls der Versuch unternommen, Gewaltverhalten von Jugend-
gruppen anhand der sozialen Identitätstheorie zu erläutern.

## 2.2 Konzept der Individualisierung[2]

Ulrich Beck, Professor der Soziologie, befasst sich unter anderem
mit den Themen Globalisierung und gesellschaftlicher Wandel und
den damit verbundenen Folgen für die Menschheit, zum Beispiel In-

---

[2]  Hier werden nur die für die Fragestellung relevanten Bezugspunkte skizziert.
Für mögliche Auslöser des Individualisierungsprozesses vgl. Beck 1983:
36ff.

dividualisierung oder soziale Ungleichheit. Er stellt sich die Frage, welche gesellschaftlichen Entwicklungen sich seit den sechziger Jahren insbesondere in Deutschland vollzogen haben, verallgemeinert seine Überlegungen aber auch auf moderne Gesellschaften weltweit (vgl. Beck 1986: 206). Für Becks Überlegungen und Thesen stehen zwei ganz charakteristische Begriffe, „Individualisierung" und „Risikogesellschaft".

Mit dem Begriff Risikogesellschaft beschreibt Beck die Verunsicherung der Moderne. Diese Unsicherheit in Bezug auf gegenwärtige Handlungen und ihre Auswirkungen, die nicht mehr konkret absehbar sind, bezeichnet Beck als eine reflexiv gewordene Moderne. Die Risiken der heutigen Gesellschaft sind laut Beck immer das Produkt von gesellschaftlichen Entwicklungs- und Konstruktionsprozessen. Die Risikogesellschaft setzt Prozesse innerhalb der Gesellschaft in Gang, die Beck als Individualisierung bezeichnet. Er konstatiert daher, dass sich in der Nachkriegsperiode Deutschlands ein gesellschaftlicher Individualisierungsschub vollzogen hat, jedoch unter weitgehend konstanten Ungleichheitsrelationen (vgl. Beck 1986: 25). Dieser Individualisierungsschub ist durch drei Dimensionen gekennzeichnet:

*Freisetzung aus traditionellen Bindungen:* Durch das Freisetzen aus traditionellen Bindungen, wie z.B. Ständen, sozialen Klassen, aber auch Geschlechterrollen, erlangt das Individuum mehr Mobilität und Wahlfreiheit. Beispielsweise können Jugendliche ihren Beruf unabhängiger von dem ihrer Eltern wählen, Arbeiterkinder müssen nicht unbedingt wieder Arbeiter werden. Bezogen auf Fußballfans könnte man auch sagen, dass der Fußballfan nicht mehr überwiegend aus dem Proletariat stammen muss.

*Entzauberung:* Dadurch, dass es keine festen Handlungsorientierungen mehr gibt, muss man selbst entscheiden, ohne sicher zu wissen, was die richtige Wahl ist. Der Beruf des Vaters ist heute kaum noch ein zuverlässiges Kriterium, um eine Wahl für den eigenen Beruf zu treffen. Insgesamt bedeutet dies mehr Chancen durch die neue Freiheit, aber auch zugleich mehr Unsicherheit und Risiko.

*Reintegration in die Gesellschaft:* Die eben beschriebenen neuen Freiheiten sind nicht unendlich, da eine neue Art der Wiedereinbindung besteht. Es besteht der Zwang sich zu entscheiden, z.b. welchen Beruf man ausführen oder erlernen möchte. Diese Entscheidungen sind zudem durch Institutionen, wie den Arbeitsmarkt, rechtliche und sozialstaatliche Regelungen, begrenzt. Neben der Integration durch Institutionen spielt zudem der Modus der Selbstintegration, d.h. das Eingehen freiwilliger Bindungen, eine Rolle (vgl. ebd.).

Becks Theorien bewegen sich also jenseits von konkurrierenden soziologischen Klassen-, Milieu- oder Schichtmodellen und beschreiben in erster Linie eine enttraditionalisierte, individualisierte Gesellschaft, die immer mehr in Richtung Vereinzelung führt (vgl. Beck 1986: 121ff).

Während die Auflösung der sozialen Klassen und Stände über die wachsende Arbeitsmarktdynamik vorangetrieben wird, so wird im Prozess der damit einhergehenden Durchkapitalisierung aller Lebensbereiche auch der Fußball in diese Dynamik hineingezogen (vgl. Sommerey 2009 b: 355). Als sportliches Ereignis ist der Fußball zwar relativ gleichförmig geblieben, in seiner sozialen und ökonomischen Form jedoch hat es einen Bruch gegeben. Dieser Bruch hat viele Facetten und zeigt sich z.B. in dem Wandel der Vereine hin zu Wirtschaftsunternehmen (siehe dazu besonders 4.2).

> „Der Fußball ist auf dem Weg, ein Paradebeispiel für Funktionalität und Rationalität zu werden. Der Fan wird dabei untergeordnet bzw. ebenfalls funktionalisiert. Dabei ändern sich selbstverständlich auch die Rolle und die Bedeutung der jugendlichen Fans für den Verein: sie werden entwertet." (Heitmeyer 1988: 167)

Die gerade erwähnte gesellschaftliche Vereinzelung überträgt Heitmeyer ebenfalls auf die Fußballfans und benennt zwei konkrete

Tendenzen. Er geht davon aus, dass durch die Entwicklungen, die Beck beschreibt, verbunden mit dem ordnungspolitischen Zurückdrängen der Fankultur, ein Auflösungsprozess des subkulturellen Fan-Seins stattfinden wird.

„So werden Fanclubs durch Cliquen ersetzt und der Fußball an sich nicht mehr als identitätsstiftend empfunden, so dass der Fan zum Konsumartikel wird." (ebd.: 170f)

Heitmeyers Argumentationsführung stammt bereits von 1988 und es hat sich bis heute gezeigt, dass seine Prognosen zumindest teilweise zutreffen. Jedoch legt er den Fokus zu sehr auf den Vereinzelungsprozess der Menschen und kann so keinen Erklärungsansatz zur Entstehung anderer Subkulturen, wie z.b. der der Ultras, bieten. Auf den ersten Blick scheinen Heitmeyers und Becks Überlegungen in die gleiche Richtung zu zielen. Es ist aber Beck, der den entscheidenden Hinweis gibt. Er gibt zu verstehen, dass Individualisierung auch bedeuten kann, dass abseits der hergebrachten sozialen Institutionen neuartige gemeinschaftliche Suchbewegungen aufgrund neuer soziokultureller Gemeinsamkeiten entstehen. Nach dieser Auffassung ist der gesamte Individualisierungsprozess als ein widersprüchlicher Prozess der Vergesellschaftung zu verstehen. Die Kollektivität und Standardisierung des Einzelschicksals ist aber schwer zu durchschauen, wird sie jedoch bewusst, kann dies zu neuen soziokulturellen Gemeinsamkeiten führen (vgl. Beck 1986: 119). Beck führt diesen Punkt wie folgt aus:

„Auf diese Weise entstehen immer neue Suchbewegungen, die zum Teil experimentelle Umgangsweisen mit sozialen Beziehungen, dem eigenen Leben und Körper in den verschiedenen Varianten der Alternativ- und Jugendsubkulturen erproben. Gemeinsamkeiten werden so nicht zuletzt in Protestformen und -erfahrungen ausgebildet, die sich an administrativen, industriellen Übergriffen ins Private, ins eigene Leben entzünden und gegen diese ihre aggressive Kraft entwickeln." (ebd.)

Ausgelöst durch die eben beschriebenen Individualisierungsschübe verändern sich nun für Jugendliche die Integrationsprozesse in die Erwachsenengesellschaft. Das Aufwachsen und Erwachsenwerden gestaltet sich schwieriger und orientierungsloser als in früheren Generationen. Dies führt zu einem Bedeutungszuwachs der Gleichaltrigengruppe, denn sie bietet den Jugendlichen neue Hilfestellungen bei dem gerade erwähnten Integrationsprozess. Daher können Jugendkulturen auch als eine jugendspezifische Antwort, als eine Art „Selbsthilfeaktion" (Baacke 1999: 128) oder Reaktion der Jugendlichen auf die heutige Gesellschaft gedeutet werden (vgl. Heitmeyer 1988: 162f).

## 2.3 Jugendkultur und ihre Bedeutung für die Persönlichkeitsentwicklung

Gesellschaftliche Veränderungen, Entwicklungen und Tendenzen wurden gerade anhand von Becks Theorien skizziert. So konnte das Motiv, aus dem sich Jugendkulturen bilden, identifiziert werden. Es bleibt aber weiterhin ungeklärt, warum sich Jugendliche gesellschaftlich abweichenden Gruppen wie den Ultras anschließen. Welchen spezifischen Nutzen ziehen sie für sich aus der Teilhabe an solchen Jugendkulturen?
Bevor hierzu weitere Ausführungen folgen, sollte in einem kurzen Exkurs auf den Begriff Jugendsubkultur rekurriert werden. Anders als in der Öffentlichkeit und in den Medien wird der Begriff der Jugendsubkultur in den Geisteswissenschaften heute üblicherweise nicht mehr verwendet. Dies hat im Wesentlichen zwei Gründe. Bei den zahlreichen existierenden Kulturen, die heutzutage bestehen, wird von Jugendlichen ein regelrechtes „Szenehopping" betrieben. Sie sind in mehren Kulturen gleichzeitig unterwegs, so dass es immer undurchsichtiger wird, welche der Kulturen bei ihnen dominiert

(vgl. Baacke 1999: 125ff). So ist man beispielsweise am Montag als Skater in der Halfpipe unterwegs, spielt am Mittwoch auf einer LAN-Party Computerspiele, geht freitags in die Technodisco und am Samstag oder Sonntag als Ultra ins Stadion. Des Weiteren ist zu bezweifeln, ob sich in Zeiten der Individualisierung und Pluralisierung von Lebensformen eine Mehrheitsgesellschaft findet, von der sich eine Jugendszene als abweichend identifizieren lässt (vgl. Farin 2001: 18f). Ich halte den Ausdruck aufgrund seiner pädagogischen Tradition weiterhin für angemessen, möchte aber die Begriffe Jugendkultur, Gleichaltrigengruppe, Szene und Bewegung im Folgenden synonym verwenden.[3]

Zur Grundlage einer einführenden Jugendsoziologie gehört neben dem gerade dargelegten auch die Skizzierung eines Aufbaus von Jugendkultur. Nach Großegger und Heinzlmaier unterscheidet man in der Szeneforschung in Bezug auf die Szenebindung drei Stufen der Intensität. Ausgehend von diesen Intensitätsstufen lässt sich folgendes Zonen-Modell entwerfen:

---

[3] Für weitere Begriffsdiskurse vgl. Hradil 1992. Für eine differenzierte Betrachtungsweise von Jugendsubkulturen vgl. Griese 2000.

Abbildung 1: Aufbau einer Jugendszene (Zonen-Modell)

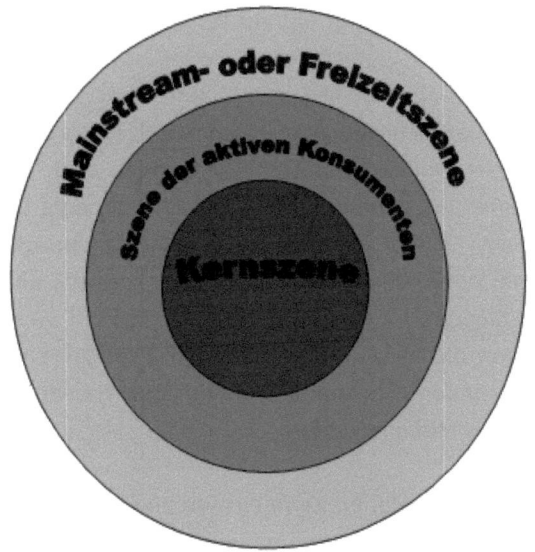

Quelle: Großegger / Heinzlmaier 2002: 21

1. Die innerste Zone nennt man *Kernszene*: Im Kern der Szene sind nur die absoluten Insider unterwegs. Für sie stellt die Teilhabe an der Szene alles dar, sie leben dafür. Es gibt nur sehr wenige Akteure in der Kernszene, diese aber geben der Szene die Richtung vor, sorgen für kulturelle Innovation und setzen die Trends.

2. Der Kreis der *aktiven Konsumenten* ist deutlich größer: Die Jugendlichen, die dem Kreis der aktiven Konsumenten angehören, kennen den Szene-Code mit seinen Stilen und Werten sehr genau, leben ihn aber nicht so kompromisslos wie die Szene-Insider. Der wohl deutlichste Unterschied zur Kernszene besteht darin, dass das Szeneleben für die Jugendlichen zwar immer noch ein wichtiges soziales Orientierungssystem darstellt, dies aber nur in der Freizeit

ausgelebt wird. Mitglieder dieser Zone identifizieren sich üblicherweise mit mehreren Szenen, sind dabei aber durchaus authentische Szenemitglieder mit großer affektiver Nähe zum Szenekern.

3. Die *Mainstream-Szene*, also der äußere Rand des Modells, hat einen deutlich oberflächlicheren Zugang zur Szene: Für die Jugendlichen, die in der Mainstream-Szene unterwegs sind, bedeutet die Teilhabe an einer Jugendkultur das Eintauchen in eine für sie (fast) neue Welt, deren Szene-Code sie nur bedingt kennen. Sie imitieren die Szene und leben sie als konsumierbare Freizeit- und Erlebniswelt (vgl. Großegger / Heinzlmaier 2002: 21ff). In vielen Jugendkulturen werden die Mitglieder der Mainstream-Szene von den Jugendlichen der anderen beiden Zonen verpönt, da sie als nicht authentisch oder als Mitläufer gelten.

Dieses Modell der drei Zonen kann eins zu eins auf die Jugendkultur der Ultras übertragen werden und wird im weiteren Verlauf der Analyse zur Anwendung kommen.

Was aber wird genau unter Jugendsubkultur verstanden? Eine der ersten Definitionen stammt von Bell:

> „Unter Teilkulturen verstehen wir ‚relativ kohärente kulturelle Systeme, die innerhalb des Gesamtsystems unserer nationalen Kultur eine Welt für sich darstellen'. Solche Subkulturen entwickeln strukturelle und funktionale Eigenheiten, die ihre Mitglieder in einem gewissen Grad von der übrigen Gesellschaft unterscheiden." (Baacke 1999: 125f; zit. nach Friedeburg: 83)

Bell gibt eine starre, stark theoretische Definition, die bei einem so lebhaften Untersuchungsgegenstand, wie es Jugendkulturen sind, unbedingt mit Inhalt gefüllt werden muss.

Die relative Kohärenz zeigt sich dadurch, dass Jugendliche, im Normalfall, nicht beliebig lange in einer Subkultur verbleiben können. Ausgelöst durch gesamtgesellschaftliche Institutionen und Anforderungen kommt es immer wieder zu Kollisionen von Subkultur und Normgesellschaft. Jugendkulturen sind also raum-zeitlich nicht geschlossen und so besteht, wie z.B. von Beck beschrieben, irgendwann der Zwang sich zu entscheiden, welchen Beruf man erlernen möchte (ebd.: 127).

Bell verwendet für die Definition die Umschreibung der „Welt für sich", denn was den Szenen bei Jugendlichen besondere Faszination verleiht, ist, dass sie relativ autonom gegenüber anderen Sozialräumen und Sozialisationsinstanzen sind.

> „Das heißt, wenn Jugendliche in ihrer Freizeit in der Szene unterwegs sind, sind sie weit weg von den Problemen, die es mit den Eltern gibt, weit weg von all den gesellschaftlichen Ansprüchen und Anforderungen, die an sie gestellt werden, weit weg von Politikern, von denen sie glauben, dass sie über ihre Köpfe hinweg entscheiden, und auch weit weg von all den ‚Bad News‘, die über die Fernsehkanäle auf sie einströmen." (Großegger / Heinzlmaier 2002: 9)

Schaut man sich das Freizeitverhalten der jugendlichen Subkulturmitglieder in ihren relativ autonomen Sozialräumen genauer an, fallen bestimmte ritualisierte Verhaltensformen auf. Diese Verhaltensformen, Stile oder Codes zeigen sich z.B. durch einen abweichenden Sprachgebrauch, aber mehr noch durch Kleidung und Symbole sowie durch die eigenen Auffassungen über Normen und Werte (vgl. Hurrelmann 2007: 132). Es werden also unabhängige Wertmuster gebildet, die für Außenstehende als Widerstand oder Rebellion gegen das Erwachsenwerden gesehen und verstanden werden (ebd.). Der gerade erwähnte Stil ist in Jugendkulturen ein besonders wichtiges Element, da er durch seine gruppenunterstützende Funktion der Integration, zugleich aber auch als Mittel der Distanzierung dient (vgl. Schäfers / Scherr 2005: 139). Diese Doppelbedeutung des Stils ist bei den Ultras sehr gut zu erkennen. Die Verwendung von eigenen Symbolen und das Ablehnen von vereinseigenen Fanartikeln fördern den internen Zusammenhalt und grenzen zugleich nach außen gut sichtbar die Gruppe ab.

Die eigens erschaffene soziale Umwelt, die „Welt für sich", die besonders über den eigenen Stil aufgebaut wird, erlaubt Jugendlichen die wichtige Form der Selbstdarstellung. Der Selbstdarstellungsdrang ist bei den Ultras, wie man z.b. an den bunten, spektakulären Kurvenchoreografien sieht, enorm ausgeprägt (siehe hierzu besonders die Abbildungen auf Seite 148).

Einen nicht unwesentlichen Einfluss auf Jugendkulturen haben die Medien. In den von den Jugendlichen, oft nur temporär, erkämpften Freiräumen sind sie es, die immer wieder die Träume von spontaner und unkontrollierter Lebensführung anfachen (vgl. Hurrelmann 2007: 132). In der zu untersuchenden Jugendkultur der Ultras ist dies jedoch eher kritisch zu sehen. Es wird sich zeigen, dass die Berichterstattung der Medien als Beeinflussung und Stimmungsmache wahrgenommen und von den Ultras abgelehnt wird.

Die Aufgaben, die Jugendkulturen „übernehmen" können, sind vielseitigster Art und wirken bei den Jugendlichen auf psychischer und sozialer Ebene gleichermaßen. Hurrelmann identifiziert vier bedeutsame Elemente jugendlicher subkultureller Gesellungsformen, die er wie folgt zusammenfasst:

> „Jugendkulturen können situationsspezifisch sein, d.h. sie werden zu bestimmten Anlässen gebildet und zerfallen, wenn diese Anlässe nicht mehr bestehen.
> Innerhalb der Gruppe entwickeln sich Gefühls- und Handlungsstrukturen. Diese sozialen Spielregeln müssen gegenseitig respektiert werden, um Spannungen auszuhalten und um Freundschaften zu festigen.
> Durch die gemeinsamen Handlungsorientierungen und Sinnbezüge grenzen sich die einzelnen Gruppen voneinander ab. So bilden und stabilisieren sie ihre Gruppenidentität.
> Gleichaltrigengruppen bieten den Jugendlichen die Möglichkeit Handlungskompetenzen zu entwickeln, die sie in der Familie oder in der Schule nicht ausüben können. Dabei wird die Einzigartigkeit der eigenen

Gefühle und die Besonderheit der Ich-Erfahrung gegenüber den Verhaltensmustern der Erwachsenen betont." (Hurrelmann 2007: 127f)

Auf die Frage, welche Kernaufgabe in der Sozialisationsphase junger Menschen, unter anderem durch die Teilhabe an einer Jugendkultur, „gelöst" werden soll, kennt die Soziologie eine eindeutige Antwort. Ziel ist es, eine allmählich eigenständige, möglichst positive Identität zu entwickeln (vgl. Sommerey 2009 b: 357).

Heitmeyer, der selbst in der Fanszene geforscht hat, überträgt die Identitätsarbeit, die in Jugendkulturen geleistet wird, auf die Fußballfans und schreibt:

> „Fußballfan zu sein und gemeinsam mit anderen – zumeist Gleichaltrigen – ein jugendspezifisches Leben zu führen, gehört zu den alltäglichen Erscheinungen bei Jugendlichen, um auf eine spezifische Weise eine eigenständige Identität zu erwerben, also das zu tun, was als Kernaufgabe dieser Altersphase verstanden wird, um so Selbstbewusstsein und Handlungssicherheit in der Gesellschaft zu erwerben, kurz: eine ‚gelingende‘ Sozialisation zu durchlaufen." (Heitmeyer / Peter 1988: 20)

Zusammenfassend könnte man sagen: Die Gesellschaft und ihre Erziehungsstruktur ist für Jugendliche in einer sich wandelnden, modernen Zeit, die geprägt ist von Individualisierung und Pluralisierung der Lebensformen, unzureichend geworden. Diese Sozialisationsdefizite werden unter anderem in Familien oder Schulen erbracht. Mit der Orientierung hin zu Jugendkulturen versuchen die Jugendlichen diese Defizite auszugleichen und zu ersetzen. Somit kann dieser Prozess als Reflex oder Konsequenz (Baacke 1999: 127) der Jugendlichen auf die heutige Gesellschaft gewertet werden. Die Persönlichkeitsentwicklung im Jugendalter ist eine produktive Auseinandersetzung mit inneren und äußeren Anforderungen. Dieser Prozess ist aber nicht als kontinuierliche Reife hin zu einem mehr oder weniger „kompletten" Erwachsenen zu verstehen oder als eine einmalige Adoleszenzkrise, sondern ist als ein oftmals chaotischer Suchprozess zu deuten, der über „Ausprobieren" versucht wird zu lösen (vgl. Sommerey 2009 b: 357f, zitiert nach Eckert / Reis / Wetzstein 2000: 17). Bedeutsam für dieses „Sich-Ausprobieren" oder Verorten ist neben bewusster Reflexion und Nachahmen von Vorbildern das Teilhaben in einer eben beschriebenen Jugendkultur.

Aber welche Prozesse innerhalb jugendlicher Gruppen tragen nun dazu bei, dass das Individuum eine Identität erlangen kann? Dieser Identitätsarbeit möchte ich im Weiteren nachgehen.

## 2.4  Positive soziale Identität als Gruppenleistung

Den genormten „typischen Erwachsenen" gibt es also ebenso wenig mehr wie den „typischen Jugendlichen". Ein buntes Gemisch aus Lebensauffassungen und Lebensstilen bestimmt die Welt. Und jeder Lebensstil hat eine eigene Zielgruppe mit einer eigenen Identität. Die Suche nach dieser eigenen Identität, mit der sich jeder Jugendliche in modernen Gesellschaften zwangsweise konfrontiert sieht, ist oft beschwerlich. Die heranwachsenden Jugendlichen entwickeln Fragen nach dem „Wer bin ich?", „Wozu bin ich da?", „Wo ist mein Platz in der Gesellschaft?" und haben Wünsche „Wie sie (von anderen) gesehen werden wollen" (vgl. Schäfers / Scherr 2005: 91). Aber wie genau lassen sich nun die Prozesse der Identitätsarbeit innerhalb jugendlicher Subkulturen beschreiben? Die Identität eines Menschen weist soziologisch betrachtet immer zwei Seiten auf, die individuelle (persönliche) Identität und die soziale Identität. Die individuelle Identität bezieht sich auf besondere Eigenschaften, Überzeugungen und Erfahrungen, die im Verlauf wechselnder lebensgeschichtlicher und biografischer Umstände entsteht. Die soziale Identität wird immer dann angesprochen, wenn sich Personen vorrangig als Mitglied einer bestimmten Gruppe und weniger als einzigartiges

Individuum betrachten. So sind mit dieser Seite der Identität die Aspekte der Persönlichkeit gemeint, die aus der Zugehörigkeit zu Bezugsgruppen bzw. der Einordnung in soziale Kategorien hervorgehen (vgl. Hurrelmann 2007: 61). So fühlt man sich z.b. als Student, als Bochumer oder eben auch als Fußballfan.

Die soziale Identitätstheorie (Tajfel 1982, Tajfel / Turner 1979), die vor allem von Turner aus den Theorien Tajfels entwickelt wurde, steht in der Tradition von symbolischem Interaktionismus und Strukturalismus und kann als Weiterentwicklung des realistischen Gruppenkonfliktes gesehen werden. Dieser Ansatz zielt auf die soziale Identitätsebene, die gerade erwähnt wurde, und soll klären, wie Identität als Gruppenleistung erzeugt werden kann (vgl. Blanz 1998: 2). Die Kernannahme dieser Theorie lässt sich, vereinfacht dargelegt, wie folgt zusammenfassen:

Individuen streben danach, eine positive Selbsteinschätzung, ferner ein positives Selbstwertgefühl, zu erhalten, bzw. dieses zu verbessern. Ein Großteil dieser Selbsteinschätzung wird über die soziale Identität definiert.

Über Kategorisierungen segmentieren Individuen ihre natürliche und soziale Umwelt in unterscheidbare Gruppen, so z.B. in Eigengruppen (in denen sie aktiv sind oder denen sie sich zugehörig fühlen), vertraute Gruppen oder fremde Gruppen. Aus der Zugehörigkeit zu bestimmten Gruppen leitet sich nun die soziale Identität eines Individuums ab (vgl. Eckert / Reis / Wetzstein 2000: 17f). Informationen über seine soziale Identität und deren Positionierung gewinnt das Individuum über Vergleiche der eigenen Gruppe (ingroup) mit relevanten anderen Gruppen (out-group).

Eine positive soziale Identität kann nur dann erreicht werden, wenn sich die eigene Gruppe positiv von relevanten Vergleichsgruppen absetzen kann. Sollte dieser Vergleich negativ ausfallen, versuchen Individuen, die eigene Gruppe zu verlassen und einer anderen Gruppe beizutreten oder ihre eigene Gruppe aufzuwerten. Eine

Aufwertung der Gruppe kann bei den Ultras z.B. durch eine gelun-
gene Choreographie oder einen sehr guten Support[4] erzeugt werden. Gewaltbereite Gruppen, wie man sie unter anderem in Italien
finden kann, können sich z.B. durch gezielte Anschläge auf gegnerische Gruppen aufwerten (vgl. Wagner 1994: 9).

Auch die zuvor beschriebenen Prozesse lassen sich sehr gut auf die
Ultrakultur transferieren. So betonen Ultragruppen stets, dass die
Gruppe vor den Bedürfnissen des Individuums steht. Eine Kategorisierung der sozialen Umwelt zeigt sich überaus deutlich im Selbstverständnis der Gruppen, wenn der Versuch unternommen wird,
sich von der gesamten Gesellschaft und anderen Fußballfans zu unterscheiden. Als vertraute Gruppen für Ultras können hier z.B. die
Hooligans, als fremde Gruppen z.B. die Gothicszene genannt werden, aber auch Gruppen abseits der Jugendkultur, wie z.B. die
Gruppe der Banker. Für den folgenden Vergleich muss es sich jedoch um relevante Vergleichsgruppen handeln, und so sind nur
Vergleiche zwischen den verschiedenen Ultragruppen sinnvoll. Dabei nimmt die Frage, wer den allgemein besten Support macht, den
höchsten Stellenwert ein (siehe hierzu besonders 5.7.1).

Die positive soziale Identität, die hier als Gruppenleistung erbracht
wird, ist für das Selbstwertgefühl der einzelnen Gruppenmitglieder
höchst wichtig. In der Gruppe fühlen sich die Mitglieder untereinander verstanden, aufgehoben und anerkannt, Wünsche und Emotionen werden eher fassbar, wenn man sie mit „Gleichgesinnten" teilt.
Besonders wichtig, gerade auch für Fußballfans, ist die Erfahrung,
dass Herabsetzungen durch Dritte besser bewältigt werden können,
wenn man sich zusammentut. Selbstkritische Zweifel an der eigenen Person und dem eigenen Handeln kommen nicht oder nur selten auf und man gibt sich wechselseitig Sicherheit (vgl. Eckert /
Reis / Wetzstein 2000: 18f).

---

[4]  Unterstützung der Mannschaft.

Ein besonderes Augenmerk gilt in dieser Arbeit dem Stellenwert, den Gewaltausübung für die Gruppen und ihre Mitglieder hat. Gewalttätiges Verhalten kann mit der Theorie der sozialen Identität verbunden werden und bietet somit einen Anknüpfungspunkt oder besser gesagt eine Ausgangsbasis möglicher Erklärungsstrategien. Das Kernelement folgender komplexen Überlegung setzt den Schwerpunkt dahingehend, dass soziale Identität das Bewusstsein ist, zu einer bestimmten Gruppe zu gehören. Dies wird, besonders bei Fußballfans, sehr deutlich durch das Tragen einheitlicher Kleidung oder Schals verstärkt. Prof. Dr. Adang, Dr. Stott und Schreiber, psychologische Fakultät der Universität Liverpool sowie Kenner der europäischen Fanszene, analysierten:

„Man geht davon aus, dass jeder Einzelne innerhalb der Gruppe das Wissen um die Werte und Normen dieser Gruppe besitzt. Die Identität einer Gruppe resultiert nun aus ihrer jeweiligen Geschichte, wird aber auch durch die Interaktion mit anderen Gruppen geformt. Das letztendliche Verhalten einer Gruppe geschieht schließlich in Abhängigkeit von ihrer sozialen Identität. Ein Konflikt zwischen Gruppen kann entstehen, wenn die soziale Position einer Gruppe unterschiedlich wahrgenommen wird (lautes Singen in der Straßenbahn gilt für Gruppe 1 als harmloses Einstimmen auf ein Fußballspiel, wird von Gruppe 2 möglicherweise als Störung der öffentlichen Ordnung betrachtet) oder eine Gruppe die Möglichkeit hat, ihre Vorstellungen gegen den Widerstand der anderen durchzusetzen." (Adang / Schreiber / Stott 2004)

„Diese Konflikte können eskalieren, wenn das Verhalten der Außengruppe gegenüber der Zielgruppe undifferenziert geschieht und als illegitim und unangemessen wahrgenommen wird. Dies kann eine zuvor heterogene Gruppe durch die gemeinsame Bedrohung enger zusammenrücken lassen und gegenseitige Unterstützung fördern. Darüber hinaus kann es zu einer Änderung der Werte und Normen einer Gruppe kommen, so dass beispielsweise Gewalt gegenüber der Außengruppe als legitim betrachtet wird. So ist zu erklären, warum sich Personen, die sich im Grunde als friedfertig verstehen, in gewalttätigen Handlungen engagieren." (ebd.)

Adang, Stott und Schreiber führten speziell zu diesem Thema eine Studie durch. Sie untersuchten die Gruppendynamiken bei Fußballspielen und der Durchführung von Polizeimaßnahmen, genauer gesagt, sie versuchten die Faktoren zu identifizieren, die ein nicht gewalttätiges Verhalten der Teilnehmer fördern oder verhindern, und herauszufinden, welche Wechselwirkungen das Verhalten der Polizei auslöst. Sie geben passende Bespiele, wie z.B. Aussagen schottischer Fans bei der WM 1998 in Frankreich, die die eben beschriebenen Zusammenhänge sehr gut verdeutlichen (vgl. Stott / Hutchinson / Drury, 2001).

„Schottische Fans beschrieben sich als ausgelassen und übermütig aber harmlos. Die Normen und Werte der eigenen Gruppe haben sich über die Zeit gebildet, sind aber auch abhängig von anderen Außengruppen. So erklären die Schotten selbst ihre Friedfertigkeit damit, dass sie sich von englischen Fans abgrenzen wollen. Diese Normen können jedoch – wiederum in Bezug auf Außengruppen – variieren. Als sich englische Fans unter die Schotten mischten, kam es zu Auseinandersetzungen. Gewalt wurde allein durch die Anwesenheit englischer Fans als legitimes Verhalten der eigenen gegenüber der Außengruppe definiert. Der unmittelbare Kontext beeinflusst und verändert also die soziale Identität und damit auch die Werte und Normen, nach denen sich eine Gruppe verhält." (Adang / Schreiber / Stott 2004)

Gleiche Dynamiken, wie hier zwischen zwei Fangruppen beschrieben, wirken auch bei Konflikten zwischen Fans und Ordnungsinstanzen. Hier geben die drei Wissenschaftler folgendes Beispiel.

„Beim Champions-League-Spiel zwischen OSC Lille und Manchester United beurteilten die United-Fans ihre Gruppe nicht als Risiko, dies wurde auch durch die Bewertung der szenekundigen Beamten vor Ort bestätigt. Dennoch wurde die Begegnung von der Einsatzleitung als Problemspiel eingestuft und etwa 1000 Beamte waren im Einsatz, die meisten in Schutzausrüstung und für die Manchester-Fans gut sichtbar platziert. Dies führte zu Situationen, in denen das Vorgehen der örtlichen Polizei von den Fans als unangemessen (im Einzelfall sogar als gefährlich) wahrgenommen wurde und aufkommende Konflikte beobachtet werden konnten." (Adang / Schreiber / Stott 2004)

Als Ergebnis dieser ersten Überlegungen, die gewalttätiges Verhalten anhand der sozialen Identitätstheorie als Gruppenleistung ableiten, bleibt Folgendes festzuhalten. Die Interaktionsmuster der verschiedenen Gruppen haben Auswirkungen auf die Höhe (im Sinne von Intensität) der Ausschreitungen und Vorfälle bei einer Fußballveranstaltung. Dabei wird deutlich, dass Polizeimaßnahmen ein Teil dieser Dynamik sind. Folgerichtig zeigt sich, dass man sich von der Vorstellung lösen muss, dass der Fußballfan der alleinige Auslöser für Ausschreitungen ist. Vielmehr muss die Gesamtveranstaltung mit allen Beteiligten, Vorschriften und Handlungen etc. in den Kontext einbezogen werden und sollte so den Mittelpunkt weiterer Überlegungen darstellen.

# 3. Geschichte des Fußballs und der Fankultur

## 3.1 Die Anfänge des Fußballsports

Der genaue Zeitpunkt der Entstehung des Fußballspiels lässt sich schwer festmachen, da in etlichen Kulturen Vorformen des heutigen Spiels existierten. Schon bei den Mayas in Mittelamerika, im alten China, bei den Azteken und auch im antiken Griechenland wurde vor mehr als tausend Jahren ein ähnliches Spiel gespielt (vgl. König 2002: 8; vgl. Brändle / Koller 2002: 21). Inwieweit diese Vorformen die Entwicklung des englischen Fußballs beeinflusst haben, kann nicht nachgewiesen werden. Daher gilt als Ursprung des Fußballsports der „Village-" oder „Folk-Football", wie er in England gespielt wurde.

Der erste schriftlich festgehaltene Hinweis auf diese Sportart findet sich im Jahre 1314. Der Bürgermeister von London ließ den Fußball unter Androhung von Gefängnisstrafen verbieten, da es an Spieltagen zu großem Aufruhr in der Stadt kam. Ohne Erfolg, wie man heute weiß (vgl. Brändle / Koller 2002: 22).

Fußball war bis dato ein rüdes, gewaltgeprägtes Spiel ohne System, wobei es besonders auf die Kraft ankam (vgl. Dembowski 2004 a: 8; vgl. Dunning 1979: 42). Verletzungen wie Knochenbrüche waren an der Tagesordnung. Gespielt wurde oft über kilometerlange Entfernungen ohne abgegrenztes Spielfeld auf das gegnerische Stadttor oder andere stadtrelevante Merkmale. Oftmals standen sich nahezu komplette Dörfer und Stadtviertel gegenüber. In dieser Phase der Entwicklung wurde der Fußball vornehmlich von Bauern und Gesellen gespielt, während sich die Oberschicht, resp. die Aristokratie, fernhielt (vgl. König 2002: 8).

Ein besonderer Reiz des Fußballs lag auch damals schon in der Möglichkeit, mit Hilfe des Spiels lokale Identität zu stiften, zu demonstrieren sowie nachbarschaftliche Rivalitäten auszutragen. Hierfür stand u.a. der berühmt-berüchtigte Shrove-Tuesday-Kampf zwischen den Pfarrbezirken All Saints und St. Peter's in Derby – daher übrigens der Begriff „Derby". Am traditionellen Spiel waren dort auf beiden Seiten 500 bis 1.000 Akteure beteiligt. Die Spieldauer betrug rund sechs Stunden. Zum Spiel gehörte auch der Fluss Derwant (Schulze-Marmeling 2000: 12).

Um 1750 wurde der Volksfußball von den elitären „Public Schools" übernommen. Der Sport wurde im Verlauf der Jahre mehr und mehr zivilisiert. 1840 kam es an ersten Schulen Englands zu schriftlich festgelegten Regeln (vgl. Brändle / Koller 2002: 22f). Das Regelsystem hatte zum Ziel, die Gewalttätigkeiten des Spiels einzuschränken (ebd.: 27).

Zwischen 1850 und 1890 kehrte das Spiel von der Elite als Massenspektakel zum Volk zurück. Parallel zur Verbreitung des Fußballs in allen Bevölkerungsschichten und insbesondere in der Arbeiterklasse wandte sich die Elite jedoch zunehmend von ihm ab und begann sich für exklusivere Sportarten zu begeistern (vgl. Dunning 1979: 46ff).

## 3.2 Entwicklung des Fußballs in Deutschland

Erst Mitte des 19. Jahrhunderts brachten Kaufleute und Studenten den Fußballsport nach Deutschland. Jedoch kam es in Deutschland nur zu einer schleppenden Verbreitung, denn mit dem Turnen als „nationalem Sport" hatte sich bereits eine andere Sportart etabliert (vgl. Hopf 1979: 54ff, 63ff; vgl. König 2002: 9). In der Literatur wird einheitlich der Braunschweiger Lehrer Konrad Koch als Vater des deutschen Fußballs genannt. Er ließ als Erster an Schulen dieses neue Spiel spielen und war maßgeblich an der Verbreitung dieser Sportart in Deutschland beteiligt (vgl. Hopf 1979: 42).

„Das Spiel an sich blieb bis 1890 zunächst ein Schulspiel an den höheren Lehranstalten. Gespielt wurde zunächst dort, wo sich so genannte ‚Engländerkolonien' (z.b. Hamburg, Berlin, Frankfurt), Residenzstädte (z.b. Hannover, Braunschweig, Dresden) und Modebäder (z.b. Baden-Baden) befanden." (Schulze-Marmeling 2000: 66)

1900 wurde der DFB gegründet, der heute mit über 6 Millionen Mitgliedern der größte Einzelsportverband der Welt ist (vgl. König 2002: 9). In Bayern blieb das Spiel sogar bis 1913 verboten (vgl. Schulze-Marmeling 2000: 69f).

Was sich nach dem Ersten Weltkrieg andeutete, setzte sich nach dem Zweiten Weltkrieg rasant fort. Der Fußball erlebte einen sozialen Massenboom. Nach den Jahren des Kriegs, der darauf folgenden Orientierungslosigkeit und der harten Arbeit des Wiederaufbaus bot der Fußball eine willkommene Ablenkung vom Alltag. Mit dem Weltmeistertitel 1954 hatte die Begeisterung einen ersten Höhepunkt erreicht. Ein zweiter sollte mit der WM 1974 in Deutschland folgen. Durch die in Kapitel 4.1 beschriebenen Unfälle und Ausschreitungen wurde die zunehmende Gesellschaftsfähigkeit des Fußballs aber immer wieder gebremst (vgl. Dembowski 2004 a: 15f). Welchen vorübergehenden Einfluss die WM 2006 auf das Bild des deutschen Fußballs hat, ist eindeutig. Der Sport und der Fan ist so akzeptiert und gesellschaftsfähig wie noch nie, wodurch der Fußballfan einen Teil seiner Stigmatisierung, wenn auch nur zeitweise, langsam verloren hat. Dies wird besonders bei der Analyse der Zuschauerentwicklung deutlich.

## 3.3  Zuschauerentwicklung

Zu Zeiten des „Village-" oder „Folk-Footballs" konnte aufgrund der Unübersichtlichkeit des Spielfeldes keine klare Unterscheidung zwischen Zuschauern und Spielern getroffen werden. Nur zuschauen, anstatt selber den Körper zu ertüchtigen, galt bei vielen Kritikern des Spiels als verpönt (vgl. Schulze-Marmeling 1995: 11ff). Die ersten Zuschauer waren Vereinsmitglieder, die selber nicht spielen konnten, weil sie zu alt oder nicht qualifiziert genug waren, sowie die Gönner des Vereins. Die Vereinspolitik wurde maßgeblich von den Zuschauern mitbestimmt. Soviel demokratischen Einfluss wie in dieser Phase sollte der Zuschauer in der Geschichte des Sports nie wieder erhalten (vgl. ebd.: 11).

1872 verfolgten in England gerade einmal 2.000 Zuschauer das FA-Cup[5]-Finale. Nur 29 Jahre später, 1901, waren es 111.000 Zuschauer. Dieser Trend sollte sich fortsetzen, und so füllten 1923 ca. 250.000 Zuschauer das für diese Kapazitäten nicht ausgelegte Wembley-Stadion (vgl. Dembowski 2004 a: 14; vgl. König 2002: 9).

Ähnlich, nur zeitlich versetzt, verhielt sich der Zuschauertrend in Deutschland. Das erste Pokal-Endspiel 1903 verfolgten nicht mehr als 1.500 Zuschauer. 1922, als der Hamburger Sport-Verein im Endspiel um die deutsche Meisterschaft auf den 1. FC Nürnberg traf, verfolgten dies schon 58.000 Zuschauer.

Mitte der 70er Jahre gerieten der Fußball und seine Fans in eine Krise. Die Vereine und Verbände konnten mit der ökonomischen Entwicklung des Spiels kaum noch mithalten und die Identifikation der Fans mit dem Verein und den Spielern ging zusehends verloren. Hinzu kamen gewalttätige Ausschreitungen rund um Fußballspiele (vgl. Schulze-Marmeling 1995: 17f). Die Folge war der Rückgang der Zuschauerzahlen in deutschen Stadien.

In der Saison 2007/2008 hatte die erste Fußballbundesliga einen Zuschauerdurchschnitt von 39.444 Personen pro Spiel, in der Saison 2008/2009 stieg der Durchschnitt auf beachtliche 42.521 Zu-

---

[5]  Der FA-Cup ist der älteste Fußballpokal der Welt und ist vergleichbar mit dem DFB-Pokal in Deutschland.

schauer pro Spiel. Damit ist die Bundesliga im internationalen Vergleich die am besten besuchte Liga Europas.[6]

*Diagramm 1: Zuschauerdurchschnitt der international populärsten Ligen*

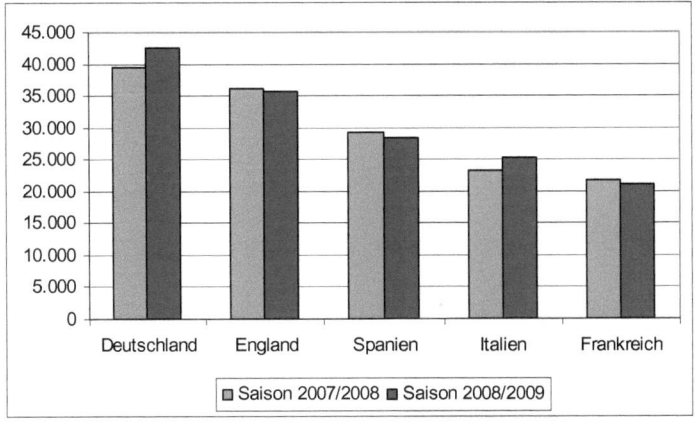

*Quelle: Eigene Darstellung. Datenbasis www.weltfussball.de ,
Stand: 30.11.2009*

Auch der Besuch eines Bundesligaspiels ist so populär wie noch nie. Zu den 306 Begegnungen der ersten Fußballbundesliga kamen insgesamt 12.069.813 Zuschauer und damit so viel wie noch nie zuvor (vgl. www.weltfussball.de/zuschauer/bundesliga-2007-2008/1/, Stand 22.07.09). Das gleiche Bild zeigt sich in der zweiten Fußballbundesliga. Hier besuchten in der Saison 2007/2008 insgesamt 5.551.586 Zuschauer die ebenfalls 306 Ligaspiele. Der rechnerische Durchschnitt liegt damit bei 18.142 Zuschauern pro Spiel (vgl.

---

[6]  Es bestehen nicht signifikante Unterschiede zwischen Zuschauerzahlen verschiedenster Quellen. Diese liegen im Bereich weniger Personen. Da im Folgenden die Zuschaueranzahl unterschiedlicher Länder verglichen wird, stützten sich alle Aussagen auf das Fußballportal „Weltfussball.de", da nur diese Webseite gleichwertige und anerkannte Angaben über internationale Ligen bereitstellt.

www.weltfussball.de/zuschauer/2-bundesliga-2007-2008/1/, Stand: 22.07.09). Fasst man nun beide Ligen zusammen, so errechnet sich ein durchschnittlicher Zuschauerwert von 28.793 Besuchern pro Spiel.[7]

*Diagramm 2: Zuschauerdurchschnitt der 1. Bundesliga von 1963 bis 2009*

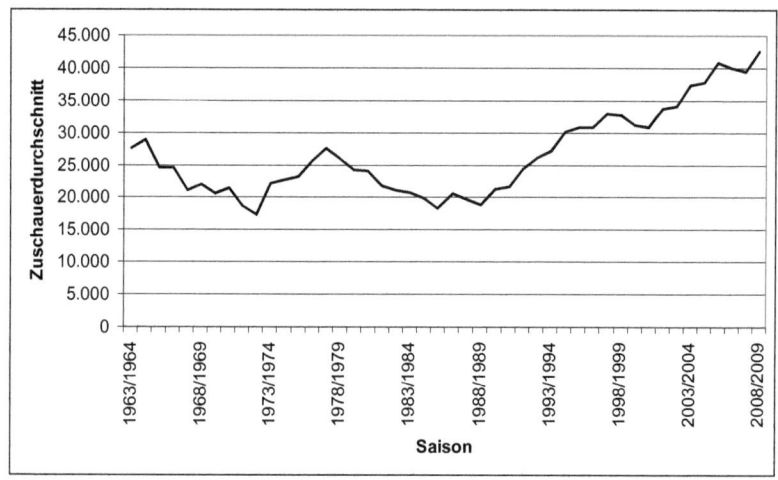

*Quelle: Eigene Darstellung. Datenbasis www.weltfussball.de ,*
*Stand: 30.11.2009*

## 3.4 Zur „Entstehung" des Fans und der Bedeutung des Stadions

Der Begriff Fan steht für das englische Kurzwort „fanatic" oder lateinisch „fanaticus". Dies bedeutet so viel wie schwärmend, begeistert, rasend oder besessen (vgl. Dembowski 2004 a: 22).

---

[7] Aktuellere Daten sind dem Verfasser bereits bekannt, konnten aber auf Grund einer nicht einheitlichen Datenbasis keine Verwendung finden. Gründe dafür sind noch fehlende Daten und Berichte verschiedenster Institutionen (wie z.B. Polizei bzw. Landeskriminalamt). Daher beziehen sich alle weiteren Ausführungen immer auf die Saison 2007/2008.

Wie die Wurzeln des Fußballs, so ist auch die Herausbildung der Fanidentität in England zu suchen. In England kam es Mitte des 19. Jahrhunderts zu bedeutenden demografischen Veränderungen. Die ländliche Bevölkerung zog es mehr und mehr in die Stadt. Die Folge war die Entkopplung traditioneller kultureller Manifestationen, wie z.B. die auf dem Land üblichen regelmäßigen Feste, die den sozialen Austausch und Zusammenhalt förderten. Die nun entstandenen Löcher im sozialen Netz mussten, wie Brändle und Koller feststellen, geflickt werden (vgl. Brändle / Koller 2002: 49ff).

> „Hier bot und bietet der Fußball auch heute noch ein leicht zugängliches und vor allem unverbindliches Identitätsangebot. Denn man kann sich sicher sein, im Stadion die ‚Anderen' zu treffen." (Dembowski 2004 a: 16)

Hier begegnet man gleichgesinnten Menschen und weiß, dass dies am nächsten Spieltag wieder der Fall sein wird (vgl. Brändle / Koller 2002: 61ff).

Der primäre Grund für den Massenboom im englischen Fußball liegt aber in der Arbeitszeitverkürzung und den sinkenden Lebenshaltungskosten. Diese brachten dem Großteil der englischen, erwerbstätigen Bevölkerung, der damals ca. 80% betrug, mehr Freizeit und Geld ein, und so strömten die Arbeiter in bestehende Vereine oder gründeten eigene Arbeitssportvereine (vgl. Dembowski 2004 a: 11; vgl. Schulze-Marmeling 2000: 30f). Während die Dominanz der Arbeitervereine immer deutlicher wurde, fanden sich Freunde und Arbeitskollegen am Spielfeld ein, um sie anzufeuern (vgl. Dembowski 2004 a: 14f).

Brändle und Koller machen noch zwei weitere Gründe für den Siegeszug des Fußballs aus, indem sie weitere Hintergründe der Sozial- und Wirtschaftsgeschichte beleuchten. So beschreiben sie die Affinität des Sports zur Industriearbeit, welche von Einsatz, Kondition und Robustheit geprägt war. Genau diese Eigenschaften wurden auch auf dem Rasen benötigt. Des Weiteren ließ der Fußball

Platz für Kreativität und Eigensinn in der so stark reglementierten Industriearbeit.

Den Arbeitern stand, wie oben gezeigt, nun mehr Freizeit zur Verfügung, die es sinnvoll zu nutzen galt. Unternehmen sowie verschiedenste Konfessionen förderten die Gründung von Vereinen, denn es wurde befürchtet, dass die gewonnene Freizeit mit Herumlungern und Sich-Betrinken gefüllt werden würde. Hier sehen Brändle und Koller den zweiten wichtigen Faktor zur Entstehung des Massenphänomens Fußball (vgl. Brändle / Koller 2002: 47ff).

Die Entstehung der Fanidentität in Deutschland weist viele Parallelen zu den englischen Verhältnissen auf. So sehen Schulze-Marmeling und Dembowski auch für Deutschland die Einführung des Acht-Stunden-Arbeitstages als wichtigste Voraussetzung für die Ausbreitung des Fußballs (vgl. Schulze-Marmeling 2000: 75; vgl. Dembowski 2004 a: 15). Die Entkopplung traditioneller kultureller Manifestationen spiegelt sich in der nachkriegszeitlichen Orientierungslosigkeit der Menschen wider. Die Förderung seitens einzelner Unternehmen sowie verschiedenster Konfessionen und des Staates zeigte sich, anders als in England, besonders in der Ausweitung des Sportstättenbaus (vgl. Schulze-Marmeling 2000: 76). Wie in England so waren es auch in Deutschland die Arbeitervereine, die durch spielerische Leistung die bürgerlichen Vereine über die Jahre immer mehr ins Abseits drängten (vgl. Dembowski 2004: 15; Schulze-Marmeling 2000: 74).

Vor Einführung der Bundesliga 1963, also weit vor der Kommerzialisierung und Professionalisierung des Sports, waren Spieler für die Zuschauer noch greifbare Repräsentanten ihres Viertels, des Orts oder der Stadt und waren ihren Anhängern sozial, kulturell und finanziell nahe. Es war der „Kumpel von nebenan", mit dem man sich identifizieren konnte (vgl. Becker / Pilz 1988: 18). So war es undenkbar, dass sich der Spieler auf dem Platz im Regen abrackern musste und der Fan im Stadion unter einem Regendach stand.

Diese Spieler-Fanbeziehung besteht heute wenn überhaupt nur noch in Ortsvereinen der unteren Ligen (vgl. Dembowski 2004 a: 13). Vielmehr entfernte sich der Spieler vom Fan – oder umgekehrt, je nachdem, wie man es sehen mag. Es herrscht zurzeit ein Verhältnis voller emotionaler Spannung, wobei Verehrung und Verachtung nahe beieinander liegen. Hortleder beschreibt dies treffend, wenn er sagt:

> „Man ist bereit, ihn begeistert zu feiern, wenn er gut ist, um ihn ebenso schnell zu verfluchen, wenn er versagt." (Hortleder 1974: 68)

Mit der Professionalisierung des Fußballs entwickelte sich ein neuer Typus Spieler, der nur so lange seinem Verein treu bleibt, bis ein finanziell besseres Angebot für ihn vorliegt oder der sportliche Erfolg des Vereins gewährleistet ist. Dieser Spieler zeichnet sich nicht nur durch die eben beschriebene räumliche Mobilität aus, sondern auch durch die Distanz zum Fan (vgl. Becker / Pilz 1988: 18f).

Bedingt durch stadionbauliche Veränderungen (z.B. das Trennen der Blöcke durch Zäune) für die WM 1974 in Deutschland konnte sich erstmals eine eigenständige jugendliche Fankultur entwickeln. Diese sammelte sich von nun an in den Kurven hinter den Toren eines Stadions, da hier die Eintrittspreise aufgrund der schlechten Sicht am günstigsten waren. Von diesen Bereichen aus entstanden nach britischem Vorbild bestimmte Rituale wie das Anfeuern einer Mannschaft oder das Schwenken von Fahnen (vgl. Giesenbauer 2000: 118). Die Stehkurve entwickelte sich zu einem Ort, an dem vorwiegend Jugendliche unter sich und doch vor den Augen der übrigen zumeist älteren Stadionbesucher Formen körperbetonter Selbstdarstellung entwickeln konnten. Der Platz in der Kurve fungiert für jugendliche Fans als Freiraum außerhalb der Erwachsenenwelt, wo sie ihre Ideale ausleben können und sich so ihre eigene Ordnung schaffen (vgl. ebd.: 118f).

## 3.5 Ausdifferenzierung der Fanszene

Welche Typologien innerhalb der gesamten Fanszene im Laufe der Jahre entstanden sind, soll dieses Kapitel anhand von unterschiedlichen Kategorisierungen aufzeigen. Dabei finden sich hier nur die populärsten Differenzierungen wieder.

### 3.5.1 Nach Heitmeyer und Peter

Im wissenschaftlichen Diskurs hat die von Heitmeyer und Peter 1988 vorgenommene Dreiteilung der Fanszene bis heute ihre Gültigkeit erhalten. Die Einteilung erfolgt hier über den Bedeutungsgrad, den Fußball für die alltägliche Lebensweise von einzelnen Menschen einnimmt. Diese Kriterien orientieren sich also an Identitätsbestrebungen, Prozessen sozialer Anerkennung und Zugehörigkeit, sozialräumlichen wie stilistischen oder auch körperlichen Präsentationsmöglichkeiten sowie der Möglichkeit, gruppenbezogenes Gemeinschaftsleben und Solidarität zu erfahren. Hiernach entstanden drei Fankategorien:
• der konsumorientierte Fan
• der fußballzentrierte Fan
• der erlebnisorientierte Fan

*„Der konsumorientierte Fan":* Das Kriterium der sportlichen Leistung ist für ihn sehr bedeutsam, der Fußball an sich ist für ihn beliebig und austauschbar. Er geht überwiegend allein oder in wechselnden Kleingruppen ins Stadion und hält sich in der Regel auf den Gegengeraden und Sitzplätzen auf.

*„Der fußballzentrierte Fan":* Diese Art Fan zeichnet sich durch seine absolute Treue zum Verein aus, welche auch bei schlechten sportlichen Leistungen bestehen bleibt. Für ihn ist Fußball sein Leben und ein wichtiges Präsentationsfeld, in dem er soziale Anerkennung erfährt. Die Identifikation über Stile kann er in der Clique oder im Fanclub ausleben. Den fußballzentrierten Fan trifft man in der Kurve oder im Fanblock, welche er als eigenes Territorium betrachtet.

*„Der erlebnisorientierte Fan":* Die sportliche Bedeutung ist für ihn ambivalent. Auch für ihn besitzt das Umfeld eine hohe soziale Anerkennungsrelevanz. Das Spiel wird als gesamtes Spektakel und Ereignis spannender Aktionen empfunden. Darum hält er sich im Stadion auch da auf, „wo was los ist" (vgl. Heitmeyer / Peter 1988: 30ff).

## 3.5.2 Nach Pilz

Pilz beschreibt wie auch Heitmeyer und Peter konsumorientierte, fußballzentrierte und erlebnisorientierte Fans, weist aber zugleich darauf hin, dass die Heterogenität der Fanszene zuzunehmen scheint. So stellt er fest, dass seit Mitte bis Ende der 90er der Bereich der erlebnisorientierten Fans neben den Hooligans um die Ultras erweitert werden muss.
Nach Pilz ergibt sich also folgende Fanstruktur.

*Abbildung 2: Erweiterung von Pilz: Strukturierung der Fanszene*

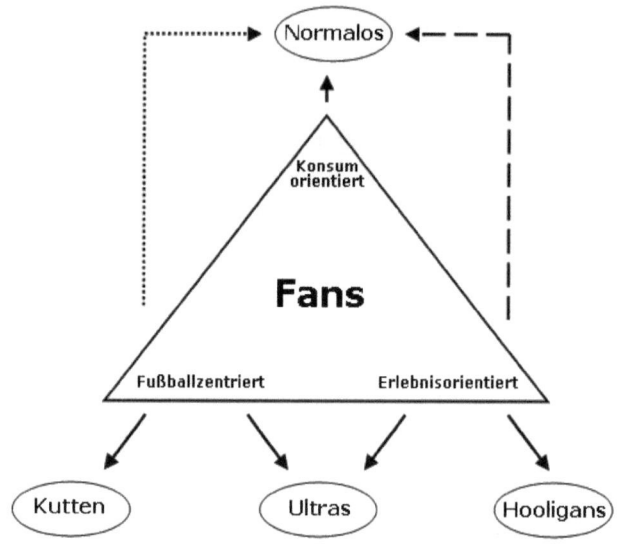

*Quelle: vgl. Pilz o.J.: 1*

An dieser Stelle treten zwei Fanszenen auf, die bisher in dieser Studie noch nicht beschrieben wurden, die für die weitere Analyse aber von besonderer Bedeutung sind, da es immer wieder zu Überschneidungen und Abgrenzungen der verschiedenen Fanszenen kommen wird. Dies sind zum einen die von Pilz beschriebenen Kuttenfans und zum anderen die Hooligans. Um das Zuschauerbild zu komplettieren, muss zusätzlich der einfache, unauffällige Zuschauer, der so genannte „Normalo", beschrieben werden.[8]

---

[8]  Ein Groundhopper hat es sich zum Ziel gesetzt, möglichst viele Stadien, Arenen oder Hallen einer bestimmten Sportart inkl. Sportveranstaltung zu besuchen. Durch diese Spielbesuche erhält er Ground- und Länderpunkte auf einem „Konto" gutgeschrieben. Ziel ist es, möglichst viele Punkte zu sammeln. Der Groundhopper wird hier bewusst vernachlässigt, da er mehr als Reisender und weniger als Fan unterwegs ist (vgl. Spiertz, 2004: 217ff).

### 3.5.2.1 „Normalo"

Der einfache, unauffällige Zuschauer macht einen Großteil der Fans aus und wurde 2001 mit einem Anteil von 90% geschätzt (vgl. Christ 2001: 19). Die Normalos gehören keinem Fanclub oder keiner Ultragruppe an. Sie nehmen im Stadion die Sitzplätze ein, stellen für die Ordnungsdienste und Polizei kein besonderes Sicherheitsrisiko dar und werden daher in Kategorie A[9] geführt. Spielt die Mannschaft einmal nicht so gut oder verliert wichtige Spiele, wird das eigene Team ausgepfiffen oder sogar verleugnet und die Identifikation mit dem Verein geht verloren. So ändert sich z.B. schnell der normale Sprachgebrauch von „Wir ..." in „Die ..."[10]. Spielt die Mannschaft über einen längeren Zeitraum nicht so gut, bleibt der Normalo dem Stadion fern und informiert sich über Spielausgänge im Fernsehen oder ähnlichen Medien. Daher geht Pilz bei dieser Art Fan von einer rein konsumierenden Zuschauerstruktur aus. Meines Erachtens lassen sich jedoch trotz des überwiegend konsumorientieren Verhaltens weitere, wenn auch nicht so deutliche und starke Verbindungen zum Gesamtgeschehen erkennen, da der Normalo immer noch ins Stadion kommt, um Fußball zu sehen. Er sympathisiert mit dem Fußballsport, und daher kann man ihm eine gewisse, schwache, Fußballzentrierung zuschreiben.

Etwas stärker ausgeprägt dagegen ist das Verhaltensmuster der Erlebnisorientierung. Der Normalo möchte Teil eines Spektakels sein, er möchte im Stadion etwas erleben, wovon er lange und oft erzählen kann. Ganz nebenbei will er natürlich seine Mannschaft siegen sehen. Somit ist die von Pilz erstellte Strukturierung der Fanszene, wie bereits in Abbildung 2 geschehen, zu erweitern.

---

[9] Erläuterungen zu den Kategorien erfolgen unter 3.5.3

[10] Hier sind Aussagen wie z.B. „Wir werden Meister" oder „Die werden absteigen, wenn das so weiter geht" (immer mit Bezug auf den eigenen bzw. gleichen Verein) gemeint.

### 3.5.2.2 Kuttenfan

Anfang der 80er Jahre organisierten sich verstärkt Fanclubs in der deutschen Fußballszene. Gerade den Fans, die nicht in der Stadt ihres Lieblingsvereins lebten, gaben die Gründungen von lokalen Fanclubs die Möglichkeit, dem Verein in der Ferne „nah" zu sein. Diese Nähe wurde auch zunehmend nach außen hin sichtbar gemacht. Neben Schals und Mützen kamen die so genannten Fan-Kutten in Mode.

Die Kuttenkultur rekrutiert sich überwiegend aus dem Proletariat und bildet immer noch den aktuellen Grundstock an fankulturellen Verhaltensweisen, der für den Fußballfan so markant ist (vgl. Gabriel 2004 a: 179; vgl. Rosenfelder 2005). Der Kuttenfan ist ein stark leistungsorientierter Fan und besucht das Stadion, um „seine" Mannschaft gewinnen zu sehen. Trotzdem bleibt er dem Verein auch in sportlich schlechten Zeiten treu. Da der Verein bzw. die Mannschaft zum zentralen Lebensinhalt wird, ist der Kuttenfan ein fußballzentrierter Fan und zeichnet sich so auch durch eine bedingungslose Leidenschaft für den Verein und die Mannschaft aus (vgl. Pilz 2005: 6). Um die Ehre der eigenen Mannschaft zu verteidigen, werden auch Auseinandersetzungen mit Vertretern des gegnerischen Vereins, mit dem Schiedsrichter und vor allem mit gegnerischen Fans gesucht. Durch die Teilhabe am Erfolg der eigenen Mannschaft lässt sich die eigene missliche Lebenslage erträglicher gestalten. Die totale Identifikation mit dem Verein zeigt sich auch durch die auffallende, offen zur Schau gestellte Bekleidung (Kutten, Fahnen, Schals, Mützen, echte Mannschaftstrikots etc. mit den Vereinsemblemen und in den Vereinsfarben). Niederlagen und mehr noch die Häme der gegnerischen Fans nach einer Niederlage können leicht zu gewaltförmigen Auseinandersetzungen führen (ebd.: 6). Die fußballzentrierten Kuttenfans verlieren in der Szene immer mehr an Einfluss und die Gruppengrößen verkleinern sich stetig.

1991 gab es geschätzte 120.000 bis 160.000 Kuttenfans (vgl. Pilz o.J.: 1f; vgl. Christ 2001: 19). In der polizeilichen Praxis fallen die Kuttenfans überwiegend in die Kategorie A (Christ 2001: 19).

### 3.5.2.3  Hooligan

Hooligan ist die Bezeichnung für eine Person, die vor allem im Rahmen bestimmter Sportereignisse durch aggressives und destruktives Verhalten auffällt. Hooligans treten häufig in Gruppen und mit hoher Gewaltbereitschaft auf. In der Regel sind sie fanatische Anhänger eines Sportvereins.

Der Hooligan spielt aktuell in den oberen Ligen so gut wie keine Rolle mehr und übt seine Aktivitäten mittlerweile außerhalb des Stadions auf anderen Schauplätzen aus. Farin, der kontinuierlich Jugendkulturen erforscht, sieht in den realen Hooligans „eine langsam aussterbende Art" (Farin 2001: 193) und er erkennt:

> „Auf der Straße würde man zwar immer mehr junge Männer mit ‚Hooligan'-, ‚Pitbull'- oder ‚Troublemaker'-T-Shirts sehen, diese könnten aber wohl kaum zur (aktiven) Hooliganszene gerechnet werden." (ebd.: 193f)

In der öffentlichen Wahrnehmung gelten Hooligans oftmals als Modernisierungsverlierer, also als junge Menschen mit schlechten oder gar keinen Schulabschlüssen, geringen Zukunftsperspektiven etc. Diese Kategorisierung ist allerdings falsch. Hooligans rekrutieren sich aus allen Sozialschichten, unter ihnen befinden sich Abiturienten, Studenten, Menschen in gehoben beruflichen Positionen oder Akademiker usw. Dabei haben sie üblicherweise meist zwei Identitäten, eine bürgerliche Alltagsidentität und eben ihre sub- bzw. jugendkulturelle Hooliganidentität (vgl. Pilz 2005: 6). Farin bringt es auf den Punkt, wenn er schreibt:

> „Hooliganismus ist eine Form zivilen Ungehorsams, eine nichtpolitische Rebellion gegen die sinnlose Autorität des Alltags, ein Versuch, die von montags bis freitags aufgezwungene Rolle abzustoßen, aus dem lang-

weiligen, abgestumpften Spießerdasein auszubrechen – zumindest für ein paar Stunden." (vgl. Farin 2001: 191)

Analog zur vorherigen Einordnung findet man die Hooligans in Kategorie C wieder.

### 3.5.3    Nach Ordnungsinstanzen

Nachdem nun die Fanszene analysiert wurde, die allgemeinen Fantypologien bekannt sind, drängt sich eine Differenzierung einer ganz anderen Art auf. Von Polizei und anderen Sicherheitsorganen erfolgt eine Einteilung lediglich unter dem Aspekt des vermeintlichen Gefahrenpotenzials einer Gruppe.

Es wird auch hier eine Dreiteilung vorgenommen:

- Kategorie A: Der friedliche Fan
- Kategorie B: Der gewaltbereite/-geneigte Fan
- Kategorie C: Der gewaltsuchende Fan

*Abbildung 3: Einordnung der verschiedenen Fangruppen nach Gefahrenpotenzial*

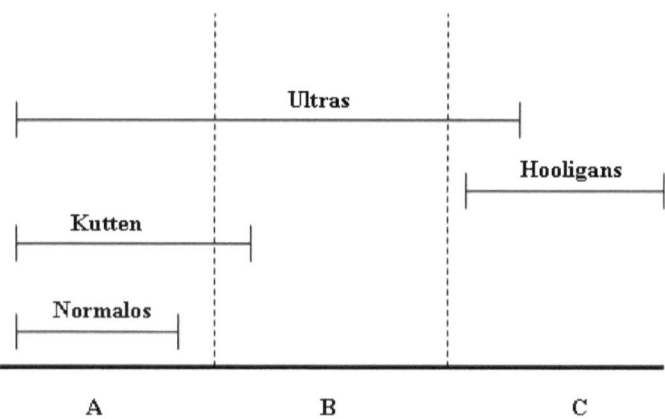

*Quelle: Eigene Darstellung*

Personen der Kategorien B und C sind meist polizeibekannt. Fußballspiele werden im Vorfeld als ungefährlich oder als „Problemspiel" klassifiziert, je nachdem, wie viele Personen dieser Kategorien erwartet werden.[11]

An dieser Einordnung sind drei Dinge kritisch anzumerken.

1. Neben der Konzentration auf Einzelpersonen (B/C-Fans) muss das Gefahrenpotenzial von Personen bei Fußballveranstaltungen auch als Gruppenprozess betrachtet werden.
2. Die Anzahl der an Ausschreitungen oder gewalttätigen Handlungen beteiligten Personen geht häufig über die Anzahl bekannter Unruhestifter hinaus. Beispielsweise gab es bei den bei der WM 1998 in Frankreich festgenommenen Engländern zahlreiche Personen, die nie zuvor polizeiauffällig gewesen waren (vgl. Stott / Hutchinson / Drury, 2001: 359ff). Ein Gegenbeispiel zeigt aber auch, dass beim Qualifikationsspiel Schottland-Deutschland 2003 trotz der Anwesenheit von fast 200 deutschen B- und C-Fans keine nennenswerten Auseinandersetzungen festzustellen waren (vgl. LKA NRW 2003: 14ff).
3. Es kann zu situationsbedingten bzw. affektbedingten nicht dauerhaften Kategorienwechseln kommen.

## 3.6 Zusammenfassung

Die bisherigen Ausführungen haben verdeutlicht, dass ein Fußballpublikum keine völlig unstrukturierte Ansammlung von Menschen darstellt, die sich nicht willkürlich aufgrund einer Fußballbegegnung

---

[11] Konkrete Anzahlen der Kategorienmitglieder finden sich ausführlich in Tabelle 3 auf Seite 78.

an einem zuvor festgelegten Ort einfindet, um sich dort spontan und unkontrolliert zu verhalten.

Der Zuschauer lässt sich anscheinend in seiner Rolle, die er innerhalb der Zuschauermasse einnimmt und ausübt, unterscheiden. Diese Rollendifferenzierung drückt sich durch unterschiedliche Handlungs- und Ausdrucksformen aus. Dabei verhält er sich in seiner Rolle immer fangerecht. Praktisch zeigt sich dies in der Platzwahl im Stadion, der Bekleidung oder dem Mitsingen der Schlachtrufe.

# 4. Fankulturelle historische Ereignisse und Entwicklungen

Im folgenden Abschnitt wird auf zwei besonders für die Fankultur und somit auch für die spätere Ultraszene wichtige Ereignisse und Entwicklungen innerhalb des Fußballs eingegangen. Sicher ist, dass es noch viele weitere Ereignisse gegeben hat, die den Fan und seine Kultur beeinflusst haben, jedoch wird hier nur auf die für die Ultraszene relevanten Ereignisse eingegangen.

## 4.1 Katastrophen und die Folgen für die Fankultur

Nahezu 300 Menschen kamen in Fußballstadien der so genannten „Erste-Welt"-Länder seit 1945 zu Tode. Kein anderer Sport forderte unter Zuschauern mehr Opfer als der Fußball (vgl. Schulze-Marmeling 2000: 201). Drei der größten Unglücke geschahen in Bradford, Heysel und Hillsborough und nahmen direkten Einfluss auf die Entwicklung der Fankultur.[12]

Im Mai 1985 verbrannten im englischen Bradford 57 Menschen, als eine Holztribüne Feuer fing. Unter der Tribüne war Müll gelagert worden, der sich durch eine weggeworfene Zigarettenkippe entzündete. Dieses Unglück konnte nur aufgrund der Bauart des Stadions geschehen (vgl. Schulze-Marmeling 1995: 18f).

18 Tage nach der Tragödie von Bradford kam es im Brüsseler Heysel-Stadion zu einer weiteren Katastrophe. Vor dem Finale im Europacup der Landesmeister zwischen dem FC Liverpool und Juventus Turin stürmten englische Hooligans den eigentlich als neutral gedachten Fanblock „Z". Hier befanden sich aber überwiegend

---

[12] Eine kurze Übersicht von Ausschreitungen in Deutschland zeigt das Bündnis aktiver Fußballfans (vgl. Bündnis aktiver Fußballfans 2004: 165ff).

italienische Anhänger, die in Panik gerieten und auf der Flucht gegen eine Mauer gedrückt wurden, die dann schließlich unter dem Druck einstürzte. Unter den 39 Opfern und den 454 Verletzten waren zum größten Teil Fans von Juventus Turin (vgl. Muras 2005). Auslöser für das Unglück war zwar das Verhalten der englischen Hooligans, dieses wurde aber begünstigt durch unzureichende Sicherheitsvorkehrungen (beispielsweise keine klare Fantrennung) und die Baufälligkeit des Stadions (vgl. Schulze-Marmeling 2000: 201f).

1989 wurden im Sheffielder Hillsborough-Stadion 96 Zuschauer an den nach dem Unglück in Heysel errichteten Zäunen, die eigentlich Schutz geben sollten, zu Tode gedrückt. Das Unglück geschah aufgrund falscher Organisation, da die Polizei aus „Sicherheitsgründen" weitere Fans in einen ohnehin schon überfüllten Block zwang (vgl. Reng 1999: 38). Diese Tragödie forderte bislang die meisten Opfer in der Zuschauergeschichte des Fußballs der „Erste-Welt"-Länder.

Die Folgen dieser tragischen Ereignisse sind für die Fankultur weitreichend und in zweifacher Hinsicht von besonderer Relevanz.

Zum einen erfolgte aufgrund dieser Ereignisse eine Stigmatisierung der gesamten Fanszene weltweit. Der Fußballfan war von nun an gewaltbereit und gefährlich (vgl. Gabriel 2004 a: 181f). Für Presse, Funk und Fernsehen existierte der Fan seitdem nahezu ausschließlich als Randalierer, Säufer und Neonazi (vgl. Bündnis aktiver Fußballfans 2004: 174). Inwieweit dies heute noch zutrifft, bleibt nach der allgemeinen Euphorie der WM 2006 zu überprüfen.

Zum anderen war man in England seit den Unfällen der Auffassung, Stehplätze würden die Gewalt auf den Rängen fördern. Und so wurden bis 1995 alle Stehplätze in den Stadien abgebaut und mit Sitzplätzen versehen oder komplett neue Arenen mit VIP-Logen gebaut. Eine weitere Konsequenz, gerade als Folge der Hillsborough-Katastrophe, war der Abbau der Zäune am Spielfeldrand. Die stadionbaulichen Veränderungen zogen einen enormen Anstieg der Eintrittspreise[13] nach sich. Die Leittragenden waren die, für die der Fußball mehr war als reiner Konsum und Unterhaltung, zumeist Menschen aus Unter- und Mittelschichtenmilieus, für die der Fußball ein Teil ihrer persönlichen Identität geworden war und die nun durch teure Eintrittspreise aus dem Stadion verdrängt wurden. Des Weiteren wurde in England ein generelles Fahnenverbot ausgesprochen (vgl. Schulze-Marmeling 2000: 209; vgl. Brändle / Koller 2002: 97). Gabriel sieht in dieser Entwicklung den Untergang der englischen Fankultur (vgl. Gabriel 2004 a: 182). Es ist unbestritten, dass die Fanszene in England deutlich an Stimmung und Spektakel verloren hat.

Da sich die deutsche Fanszene bislang immer an der englischen Fankultur orientierte, hatten die Veränderungen in England auch Auswirkungen auf die deutsche Fanszene. Gerade die neu dazugekommenen Fans in der deutschen Szene faszinierte der Fußball als Spektakel, wie sie es aus England gewohnt waren. Dies spiegelte sich nun in den italienischen Ligen wider. Mittlerweile übertrugen auch private deutsche Sportkanäle die stimmungsvollen Spiele der Serie A (1. Liga) mit bengalischen Feuern[14], überdimensionalen Fahnen und lautstarken Gesängen. Hinzu kam, dass englische Spiele aufgrund nicht erworbener Rechte im deutschen Fernsehen vorerst nicht mehr gezeigt werden durften (vgl. ebd.: 183; vgl. Oehler 2001: 10).

---

[13] 1984 betrug der Preis für die billigste Eintrittskarte in England 2,00 bis 2,50 Pfund (ca. 3,00 bis 3,50 €). Nach der Versitzplatzung 1994 stieg der Preis auf durchschnittlich 12 Pfund (ca. 17,50 €) (vgl. Schulze-Marmeling 2000: 209).

[14] Bengalisches Feuer (kurz Bengalo genannt) ist ein pyrotechnischer Effekt.

## 4.2 Kommerzialisierung und Eventisierung

Die wachsende Begeisterung der Bevölkerung am Fußball wurde schnell auch von der Werbeindustrie und den Medien entdeckt. So ist der Fußball über die Jahre zu einem Produkt oder einer Ware geworden, die sich am globalen Markt behaupten muss. Auf der scheinbar rücksichtslosen Suche nach immer neuen Kunden geraten andere in den Hintergrund. Dies betrifft überwiegend die von Heitmeyer und Peter beschriebenen fußballzentrierten Fans (vgl. Richter 2004: 12).

Die „turbokapitalistische" Entwicklung, so wie Richter sie nennt, hat ihm zufolge ihren Ursprung in der Vermarktung durch das Fernsehen, welches jedes Jahr Unmengen an Geld in die Ligen bringt (vgl. ebd.: 12). Musste der FC St. Pauli 1952 noch Geld an den übertragenden Sender NWDR überweisen, so verdiente die gesamte Liga 1965 immerhin schon 640.000 DM; ungefähr so viel, wie die Rechteinhaber heute für eines der 306 Saisonspiele bezahlen müssen. Die DFL[15] kassierte in der Saison 2006/2007 so viele Fernsehgelder wie nie zuvor. Die Neuverteilung der TV-Rechte steigerte die Einnahmen auf die Rekordsumme von 430 Millionen Euro. Davon zahlt die ARD für ihre Sportschau mehr als 80 Millionen Euro pro Saison an die DFL, das ZDF etwa 30 Millionen und das DSF ungefähr 25 Millionen Euro. Der Rest entfällt auf Pay-TV Sender (vgl. Kurp 2006). Für die Zukunft verspricht man sich eine weitere Steigerung der Vermarktungseinnahmen.

An dieser Stelle wird schnell klar: Wer solche Summen investiert, möchte auch mitbestimmen. Den TV-Sendern wäre ein möglichst breit gefächerter Spieltag am liebsten, um so viele Spiele wie möglich live zu übertragen. So wurde in Deutschland bislang auf Wunsch der Medien ein Spiel der ersten Bundesliga Freitagabend

---

[15] „Deutsche Fußball Liga": Eine selbständige Abspaltung des DFB.

und zwei weitere am Sonntagnachmittag ausgetragen. Hier spielt auch die Vermarktung im Ausland eine große Rolle. Bei Spieltagansetzungen mit sechs Partien zur gleichen Zeit, wie früher jeden Samstag üblich, kann maximal nur ein Spiel ins Ausland übertragen werden. In England spielen daher alle Top-Clubs an verschiedenen Tagen oder Zeiten, so dass der Fan, egal ob im Ausland oder Inland, kein Spiel mit einer Spitzenmannschaft verpasst (vgl. Aschenbeck 1998: 32ff). Dieses kommerziell höchst effiziente Konzept der Spieltaggestaltung wurde nun auch in Deutschland übernommen. Ab der Saison 2009/2010 findet das „Top-Spiel" des Samstags sowie die Sonntagsspiele zu unterschiedlichen Zeiten statt. Das Freitagsspiel wird wie gewohnt beibehalten. Zweitliga-Spiele werden aktuell wesentlich früher angepfiffen, damit es dem Zuschauer möglich ist, auch diese Spiele im TV zu sehen und es nicht zur „Kollision" mit Spielen der ersten Bundesliga kommt.

1988 veränderte sich die Berichterstattung im Free-TV, als die seriös gestaltete Sportschau die TV-Rechte an die Sendung „Anpfiff" (RTL) und später an „ran" (Sat 1) verlor. Der Spieltag wurde, so schreibt Scheu, zum TV-Spektakel, zur Fußballshow aufgemotzt (vgl. Scheu 2000: 31; vgl. Ehlers 2004: 50ff).

Es muss aber auch auf die andere Seite der Kommerzialisierung hingewiesen werden. Es ist unbestritten, dass in Zeiten, in denen die Fernseheinnahmen gut die Hälfte des Budgets eines Vereins ausmachen, die Kommerzialisierung auch eine gute Seite mit sich bringt – führte man doch im Juli 1962 mit Gründung der Bundesliga extra den bezahlten Profispieler ein, aus Angst, international nicht mehr konkurrenzfähig zu sein (vgl. Schulze-Marmeling 2000: 135ff). Und selbige Gründe veranlassen heute Manager, Vereinsbosse und Verbände ihre Liga, ihren Verein, ihre Spieler und sogar ihr Stadion zu vermarkten. Aus dem Volksparkstadion in Hamburg wurde z.B. die AOL-Arena (heute HSH Nordbank Arena), aus dem Niedersachsenstadion in Hannover die AWD-Arena usw. Ziel all dieser Aktionen ist die Konkurrenzfähigkeit der Vereine, was ja letztendlich auch im Sinne der Fans sein sollte (vgl. Ehlers 2004: 51f).

Von der immer stärker werdenden Kommerzialisierung des Fußballs zeugt auch das Rahmenprogramm der heutigen Spiele. Neben den altbekannten Stadionsprechern gibt es heute Moderatoren, die das Publikum einstimmen, Halbzeit-Gameshows mit allerhand Werbeartikeln der Sponsoren und auf den „Videowalls" der modernen Stadien laufen Werbefilme (ebd.: 58).

Als Gesamtresümee bleibt festzuhalten, dass sich die fortschreitende Kommerzialisierung in den Augen vieler Fans und gerade in denen der Ultras entgegengesetzt zu den fankulturellen Interessen entwickelt.

## 4.3  Der kritische Fan

Die in den beiden vorherigen Unterpunkten genannten Entwicklungen und Tendenzen ließen den Fan nicht unberührt, und einige begannen, die Geschehnisse rund um den Fußball kritisch zu hinterfragen. Ausgangspunkt der Entstehung einer kritischen Fanszene war der FC St. Pauli. Im Zuge der oben erwähnten stadionbaulichen Veränderungen protestierten die Fans des Vereins gegen die Pläne für ein neues Stadion. Ein Neu- oder Umbau des Stadions hätte einen erheblichen Eingriff in die Struktur des Stadtteils gehabt und widersprach so den Wünschen der Fans. Der Protest hatte Erfolg. Es folgten Kampagnen gegen Rassismus, der in der deutschen Fußballlandschaft in den 80er Jahren zu einem immer größeren Problem wurde. Der FC St. Pauli wurde zum Symbol und Vorbild und bewies, dass es durchaus möglich war, sich gegen kommerzielle Interessen zur Wehr zu setzen (vgl. Schulze-Marmeling 1995: 21ff). Anfang der 90er Jahre machten zum ersten Mal vereinsübergreifende Faninitiativen mit Aktionen gegen den Rassismus in den Stadien, für den Erhalt der Stehplätze („Sitzen ist für'n Arsch") und für einheitliche Anstoßzeiten („PRO Fans - Ohne uns keinen Kick") auf sich aufmerksam (vgl. König 2002: 53ff). Daraus hervor gingen die bis heute bestehenden Vereinigungen „Bündnis Aktiver Fußball-Fans", kurz B.A.F.F. (vormals „Bündnis Antifaschistischer Fußball-Fans") und „PRO-Fans", die aus der Initiative „PRO 15:30" entstand. Rückblickend kann man feststellen, dass das Engagement dieser Initiativen großen Einfluss auf die Pläne der Vereine und Investoren nehmen konnte, da es nur zu moderaten Veränderungen der Stadien kam (vgl. Aschenbeck 1998: 169ff; www.aktive-fans.de ; www.profans.de , jeweils Stand: 07.10.07). So realisierte z.B. der FC Schalke 04 ca. 19.000 Stehplätze in der 2001 nach knapp dreijähriger Bauzeit fertig gestellten Arena und der Dortmunder BVB baute 1999 etliche Sitzplätze im Westfalenstadion wieder zu Stehplätzen um (vgl. Dembowski 2004 b: 77).[16]

---

[16] Mehr zu B.A.F.F unter Punkt 5.16.3

## 5. Die Ultraszene

### 5.1 Genese italienischer Ultras

Ein Blick nach Italien, in das Mutterland der Ultrakultur, ist unumgänglich, da hier die Wurzeln der Szene zu finden sind.

Noch heute gelten italienische Ultragruppen größtenteils als Vorbild, und so lassen sich Gruppen weltweit von ihnen beeinflussen. Dabei kann auf eine Beschreibung der italienischen Gesellschaft und eine detaillierte Aufarbeitung verschiedenster Ereignisse nicht verzichtet werden, um einen differenzierten Blick für deutsche und italienische Ultras zu bekommen.

Die Entwicklung der Ultraszene begann Mitte der 60er Jahre in Norditalien, als sich in der Jugend- und Fankultur, inspiriert durch studentische Proteste und die Arbeiterbewegung, eine linksgerichtete Protestbewegung formierte. Ihr Aufbegehren richtete sich gegen die fortschreitende soziale Ungleichheit in der Gesellschaft Italiens, und ihre Forderungen wurden überwiegend in der Fankurve von Fußballstadien auf Bannern[17] propagiert (vgl. Scheidle 2002: 92f). Aus dem kreativen Potenzial der politischen Demonstrationen gelangten Transparente, Megaphone, Doppelhalter[18], Rauchkörper und bengalische Feuer in die Stadien, die bis heute wichtiger Bestandteil der italienischen Ultraszene sind (vgl. ebd.: 11).

Der Ursprung des Begriffs Ultra ist nicht eindeutig festzulegen. Am wahrscheinlichsten ist es aber, dass er auf wütende Anhänger des AC Torino zurückgeht, die nach einer 2:3 Niederlage den Schiedsrichter bis zum Flughafen weit außerhalb von Turin verfolgten. Ein Reporter bezeichnete dieses Verhalten mit dem treffenden Begriff

---

[17] Eine Art Fahne ohne Stange, die fest an Zäune oder Absperrgitter gebunden wird.

[18] Der Begriff Doppelhalter bezeichnet ein zwischen zwei Stangen gespanntes Transparent.

extrem, italienisch „ultrà" (vgl. Tesar / Leonhardsberger 2004: 10). Dieser Begriff wurde schnell zum Inbegriff einer neuen Jugendkultur in Italien.

Ein erstes Banner mit dem Schriftzug „Ultras" soll 1964 beim Pokalfinale der Landesmeister in der „Inter-Kurve" zu sehen gewesen sein. Die Ehre der ersten und ältesten Ultragruppierung schreibt man aber dem schwarz-roten Stadtrivalen, der Gruppe *„Fossa dei Leoni"* vom AC Milan zu.

Die *„Fossa dei Leoni"* wurden 1968 gegründet. Die Gruppe war bekannt für die leichte Aufnahme von Mitgliedern und wuchs so schnell und stetig.[19] Ganz im Gegensatz zu der *„Brigate Rossonere"* (ebenfalls AC Milan) war sie aufgrund ihrer Größe unpolitisch.

In der Folgezeit, um 1969, entstanden die Gruppen *„Boys San"* (Inter Mailand), *„Ultras Tito Cuchiaroni"* (Sampdoria Genua) sowie *„Commandos Rossoblù"* (FC Bologna). Waren es zu Beginn der Szene eher linksgerichtete Gruppen, die sich mit der sozialistischen Bewegung solidarisierten, so entstanden Mitte der 70er Jahre immer mehr Gruppen, die sich offen zu faschistischen und rechten Ideologien bekannten. Die Gruppen *„Viking Juve"* (Juventus Turin) oder *„Settembre Bianco Nero"* aus Ascoli (Anlehnung an die Palästinensergruppe, die sich zum Anschlag auf die israelische Mannschaft bei den olympischen Spielen 1972 in München bekannte) sind nur zwei von zahlreichen neu entstandenen Gruppierungen, die eindeutig der rechten Szene zugeordnet werden können.

Mit der Zeit kam es zu einem zunehmenden Verfall der einstigen Ideale. Nach Zerschlagung der Roten Brigaden (militante linksradikale, sozialrevolutionäre Gruppen in Italien) und der immer schwächer werdenden Linksparteien wurden die Repressionen gegen Linke immer heftiger und der gesamte Staat Italien rückte weiter nach

---

[19] Im November 2005 löste sich *„Fossa dei Leoni"* nach dem Verlust ihres Auswärtsbanners an die Gruppe *„Viking Juve"* (Juventus Turin) auf.

rechts. So war der perfekte Nährboden für eine Gesellschaft geschaffen, in der Rassismus, Faschismus und Antisemitismus auch im Stadion frei artikuliert werden konnten (vgl. Scheidle 2002: 95; vgl. Tesar / Leonhardsberger 2004: 12). Es ist noch nicht lange her, da begrüßte die Ultragruppe *„Irriducibili Lazio"* (die Unbeugsamen – Lazio Rom) ihren Stadtrivalen AS Roma mit dem Spruchband: „Auschwitz ist eure Heimat, die Öfen euer Zuhause". Auch Hakenkreuze, die „88" (Synonym für „Heil Hitler") oder „Rom ist faschistisch" sind auf Doppelhaltern bei den römischen aber auch anderen italienischen Vereinen keine Seltenheit (vgl. Schöngau 2005: 147ff).

Eine weitere wichtige Rolle spielt die schlagkräftige extrem rechtsradikale Partei *„Forza Nuova"*. Sie unterstützt zahlreiche rechte Ultragruppen und Hooligangruppierungen weltweit und macht keinen Hehl daraus, zumeist sehr junge Tifosi für ihre Idee zu gewinnen (vgl. Horvath 2000: 280; vgl. Scheidle 2002: 100ff). Der einst linksorientierte (Protest)Ultra war nun mehr an Schlägereien, Hedonismus und Exhibitionismus als am sozialen und politischen Engagement interessiert.

In den 80er Jahren wurde der Zulauf zu den Ultragruppen immer größer, und so zählte z.B. die Gruppierung *„Drughi Bianconeri"* (Juventus Turin) zwischenzeitlich mehr als 10.000 Mitglieder. Zugleich kam es zu immer gewalttätigeren Auseinandersetzungen zwischen rivalisierenden Ultragruppen unterschiedlichster Vereine oder politischen Richtungen. Die Brutalität nahm für die Szene bis dato ungekannte Ausmaße an und es wurde vermehrt der Gebrauch von Waffen, wie z.B. Messern, beobachtet. Durch das illegale Einschmuggeln von Leuchtspurmunition in die Stadien war es den Fangruppen möglich, sich über größere Distanzen zu bekämpfen. Trauriger Höhepunkt der regelrechten Schlachten war der Tod von Vincenzo Paparelli. Der Anhänger von Lazio Rom wurde 1979 beim Stadtderby von einer Leuchtrakete aus dem Fanblock der Roma Ultras tödlich getroffen. Von diesem Zeitpunkt an waren Heerscharen an Polizisten Teil jeder Fußballveranstaltung in Italien (vgl. Scheidle 2002: 100ff). Erst 1995 löste der gewaltsame Tod des Genueser Ultra Vincenzo „Claudio" Spagnolo ein Umdenken in der Szene aus. Eine Splittergruppe der *„Brigate Rossonere"* griff Genueser Ultras an, um Anerkennung und Respekt innerhalb der Ultraszene zu erlangen. Vincenzo Spagnolo wurde dabei von einem Milan-Fan erstochen. Danach setzten sich verschiedenste Ultragruppen an einen Tisch, um nur eine Woche nach dem Vorfall das Dokument *„Basta lame basta infami"* („Schluss mit den Klingen, Schluss mit den Schandkerlen") zu verabschieden. Man wollte zurück zu den alten Werten finden und dem Einsatz von Messern, Waffen und Gewalt abschwören. Organisiert durch die Initiative *„Progetto Ultra"* kamen 2002 die Gruppen erneut zusammen. Es folgten zwei weitere Versammlungen, eine in Mailand im Juni 2003, eine in Bologna im Juli 2004, an der jeweils 100 bzw. 84 Gruppen teilnahmen. An diesen friedlichen Treffen wurden gemeinsame Maßnahmen beschlossen, aber auch Spenden für non-profit-Organisationen gesammelt. Durch das bis dato nicht gekannte soziale Engagement und das friedliche Verhalten unter den Gruppen konnte sich das Bild des italienischen Ultras in der Öffentlichkeit kurzzeitig leicht verbessern.

Seit den 90er Jahren nahm der Einfluss der Ultragruppen auf die Vereinsbegehren extreme Formen an. So wurde z.B. die Einkaufspolitik des Vereins mitbestimmt, was am besten an einem Zitat des Vereinspräsidenten von Hellas Verona, Giambattista Pastorello, gezeigt werden kann. Er gab öffentlich zu: „Meine Fans würden es nicht erlauben, den schwarzen Spieler Patrick Mboma zu verpflichten." Des Weiteren stellten Vereine den Ultragruppen Eintrittskarten zur Verfügung, die eigenständig verwaltet werden konnten, aber meist gleich wieder auf dem Schwarzmarkt gewinnbringend verkauft wurden. Selbst der Ordnungsdienst der Kurve wird von den einzelnen Gruppen kontrolliert. Anders lässt es sich nicht erklären, wie Inter-Mailand-Fans im Mai 2001 einen Motorroller ins Giuseppe-Meazza-Stadion (ehem. San-Siro-Stadion) schmuggeln konnten, um diesen dann angezündet in den Unterrang zu werfen (vgl. Tesar / Leonhardsberger 2004: 12). Eine Verallgemeinerung des gewalttätigen, rechtsradikalen italienischen Ultras wäre aber ein kapitaler Fehler. Scheidle sieht folgende Tendenzen und unterscheidet italienische Ultras in:

- diejenigen, die sich über eine latente Gewaltbereitschaft definieren
- diejenigen, die sich nach wie vor politisch positionieren
- und diejenigen, die sich ausschließlich als Fans ihrer Mannschaft verstehen und diese durch positive Stimmung im Stadion unterstützen wollen.

Wichtig anzumerken ist hier auch, dass sich die Hooligans in Italien als Teil der Ultras verstehen und nicht losgelöst aus der Szene agieren (vgl. Scheidle 2002: 95).

Heute sind mehr als 445 registrierte Ultragruppen mit mehr als 74.000 Mitgliedern bekannt. Bei solch einem Zuspruch kann der Verkauf von „Ultra-(Fan-)Artikeln" durchaus als lukrative Einnahmequelle angesehen werden. So betreiben mancherorts die Gruppen eigene Fanshops (vgl. Schöngau 2005: 146).

Signifikant am Ultraphänomen in Italien ist auch bis heute noch die starke Betonung des Gruppengefühls. Durch das Fehlen von außerschulischen Freizeitangeboten in Italien bieten nun die Ultragruppierungen ein Identifikationsangebot und geben Zusammenhalt und Sicherheit. Sozialpädagogische Fanbegleitung durch z.B. Fanbeauftragte oder durch Fanprojekte, wie wir sie aus Deutschland kennen, ist eher die Ausnahme als die Regel, und so bestimmen polizeirechtliche Maßnahmen die Fanlandschaft. Des Weiteren beschlossen die Sicherheitsorgane, zumeist nach schweren Ausschreitungen, neue Gesetze, so wie im Mai 1999, nachdem ein Sonderzug für Fans nach einem Spiel durch Vandalismus Feuer fing und vier junge Fans starben. Als Folge wurden jegliche Fan-Sonderzüge in ganz Italien verboten. Da es die Szene gewohnt war, auf Gesetzesänderungen und Repressionen zu reagieren, organisierte man von nun an einfach inoffiziell eigene Züge oder reservierte ganze Zugabteile. Bislang hat sich gezeigt, dass all diese Maßnahmen die Gewalt nur mäßig eindämmen konnten. Mit der „Osservatorio Nazionale sulle Manifestazioni Sportive" wurde eine Abteilung geschaffen, welche die Fanszene überwachen, Aktivitäten organisieren und Gewalt vorbeugen sollte (vgl. Pilz 2006: 179ff).

In jüngster Zeit häufen sich wieder tragische Ereignisse rund um den italienischen Fußball. Während gewalttätiger Ausschreitungen von Catania-Anhängern am Rande eines Serie-A-Derbys gegen US Palermo am 2. Februar 2007 wurde der Polizist und Familienvater Filippo Raciti von Ultras gezielt getötet. Sie warfen einen Stein und einen Sprengkörper von der Brüstung der Nordkurve des Stadio Angelo Massimino in Catania auf ihn, als er gerade aus seinem Dienstwagen ausstieg. Wegen der Ausschreitungen wurde der Spielbetrieb im italienischen Ligafußball ausgesetzt, ebenso das für die folgende Woche geplante Länderspiel gegen Rumänien. Antonino Pulvirenti, der Präsident von Catania Calcio, trat aufgrund des Vorfalls von seinem Amt zurück. Der Präsident der italienischen Spielergewerkschaft AIA, Sergio Campana, vertrat die Meinung, dass der italienische Ligafußball als Reaktion auf diese Vorkommnisse für ein Jahr ausgesetzt werden sollte und wurde dabei vom Vatikan unterstützt. Der damalige Regierungschef Romano Prodi kündigte an, die Situation radikal zu verändern.

Ein weiteres bedeutsames Ereignis geschah am 11. November 2007. Der 28-jährige Gabriele Sandri war mit seinem Bruder und

Freunden zum Spiel von Lazio Rom bei Inter Mailand unterwegs. Auf einer Autobahnraststätte in der Nähe der toskanischen Stadt Arezzo wurde er von einem Polizisten in den Nacken geschossen und starb. Der Polizeichef der toskanischen Stadt, Vincenzo Giacobbe, sprach von einem „tragischen Irrtum". Die Beamten hätten in einen Streit zwischen zwei Gruppen eingegriffen. Für die Fans dagegen ist der Polizist, der beteuert, nicht gezielt geschossen zu haben, ein Mörder. „Du wirst sterben", schmierten Unbekannte in Rom auf Häuserwände. Im Internet kursieren Racheaufrufe: „Hundert von ihnen für einen von uns", ist dort zu lesen. Stunden nach dem tragischen Tod des Lazio-Fans griffen rund 400 Randalierer eine Polizeikaserne in der italienischen Hauptstadt und den Sitz des Nationalen Olympischen Komitees von Italien (CONI) an. Nach der Verurteilung des Polizisten zu 6 Jahren Haft kam es in Rom erneut zu schweren Auseinandersetzungen zwischen Lazio-Rom-Anhängern und der Polizei. Auf Grund des bestehenden Feindbildes Polizei war und ist dieser Vorfall natürlich ein gefundenes Fressen für Ultragruppen in ganz Italien.

Die massive Häufung gewalttätiger Ausschreitungen blieb bei den Vereinen und Spielern nicht ohne Reaktion. „Wir wollen keine Kriminellen mehr im Stadion", schrieb die Mannschaft von Atalanta Bergamo mit Trainer Luigi Del Neri in einem offenen Brief an die Randalierer, die kurz nach dem Tod von Sandri das Spiel gegen den AC Mailand zum Abbruch gebracht hatten. „Für diese Ausschreitungen muss sich die ganze Stadt schämen", heißt es darin. „Wir wollen mit diesen Kriminellen nichts mehr zu tun haben. Wir wollen sie weder im Stadion noch beim Training sehen. Wir möchten nur die Unterstützung der echten Tifosi haben, die am Sonntag gegen das gewalttätige Verhalten einer Minderheit protestiert haben", so der Brief weiter. Auch Nationalmannschafts-Kapitän Fabio Cannavaro forderte die echten Fans, Verbände und Politik zur Gegenwehr auf: „Tut sofort etwas, sonst gehen die Stars weg ins Ausland!" Der

Weltmeister zeigte sich aber auch selbstkritisch: „Wir sind auch Schuld, weil es mit gewissen Fans zu viel Kumpanei gibt." Er räumte ein, dass der Umgang von Fußballern und Clubs mit den organisierten Fans in Italien weitaus schlechter funktioniert als beispielsweise in Deutschland, wo die Clubs seit langem erfolgreich mit Fanbeauftragten arbeiten.

Nach der Saison 2008/2009 befindet sich die italienische Liga in einer sportlichen wie auch identifikatorischen Krise. International nicht konkurrenzfähig und national kämpft man weiterhin mit Zuschauerschwund und Gewaltausbrüchen in und um die Stadien. Vielleicht ausgelöst durch diese Krise, vielleicht bedingt durch das immer größer werdende mediale Interesse zeigt sich die italienische Ultraszene kritisch wie nie. Ein Idol wie Paolo Maldini, der weit über 20 Jahre für nur einen Verein gespielt hat, wird bei seinem letzten Spiel vor Karriereende von den eigenen Fans ausgepfiffen, weil er seinen Vertrag nicht für weniger Gehalt verlängern wollte. Gegen eben schon erwähnten Fabio Cannavaro wurde im Trainingslager seines neuen und alten Teams Juventus Turin in einem abgelegenen kleinen Bergdorf Norditaliens mit Spruchbändern und Rauchbomben demonstriert und randaliert, bevor dieser überhaupt zur Mannschaft gestoßen war. Cannavaro hatte zuvor den Verein wegen dessen Zwangsabstiegs verlassen, was ihm die Ultras von Juventus Turin nach wie vor übel nehmen. Gleiches Bild im Trainingslager des AC Milan, wo der Weggang von Fanliebling Kaka die Ultras gegen die Vereinsführung aufbrachte. Statt der üblichen 40.000 Dauerkarten, die der AC Milan gewöhnlich absetzt, wurden 2009 nur 1.000 Tickets verkauft. Klar ist, dass die Szene keineswegs friedlicher oder kooperativer geworden ist und die Saison 2009/2010 eine richtungweisende sein wird.

Fabio Capello, heutiger Trainer der englischen Nationalmannschaft und früher Spieler und Trainer für Juventus Turin, AC Mailand und AS Rom, stellt eine düstere Prognose für den italienischen Fußball:

> „In Italien regieren die Ultras. Sie [gemeint sind die Vereine] tun alles, was sie wollen. Ich bedaure, was in Italien geschieht. Der Niedergang ist offenkundig. Dabei würde es genügen, sich an die Gesetze zu halten. Die Behörden und die Klubs müssen sich anstrengen, damit die Leute wieder die Stadien besuchen."

## 5.2 Entstehung, Orientierung und Selbstverständnis deutscher Ultragruppen

Von nun an liegt der Fokus auf den deutschen Ultragruppen. Dabei werden in diesem Kapitel wichtige Elemente wie Politik und Gewalt jeweils gesondert betrachtet und bewusst als Unterpunkt geführt, da sie als Eckpfeiler für die Orientierung und das Selbstverständnis dieser Jugendsubkultur auftreten.

Seit Anfang der 90er Jahre nahm die Bedeutung der Fanclubs, in denen zumeist Kuttenfans organisiert waren, in Deutschland rapide ab (vgl. Dembowski 2004 a: 17). Mit der Abwendung von den Kuttenfans, „die sich alles gefallen ließen", aber auch strikt distanziert von den gewalttätigen Hooligans, entstand die deutsche Ultraszene, orientiert an der italienischen Szene (vgl. Gabriel 2004 a: 179ff).
Die erste Gruppe in Deutschland waren 1986 die *„Fortuna Eagles"* rund um den Verein Fortuna Köln. Mittlerweile existieren bei fast allen Vereinen der oberen drei Ligen, aber auch vereinzelt in hierarchisch tieferen Spielklassen, Gruppen, die sich selbst als Ultras sehen. Allerdings ist es schwer, eine genaue Gruppenanzahl für Deutschland zu nennen, da sich ständig neue Gruppen bilden oder sich andere zusammenschließen. Während es in Bielefeld zurzeit keine Ultragruppe gibt, sind es beim FC Bayern München gleich fünf

Gruppen (vgl. http://www.forzaroma.de/ultrasineuropa/ult rasfansindeutschland/index.html, Stand: 02.11.07). Die größte Ultragruppierung Deutschlands befindet sich mittlerweile in Frankfurt mit ca. 600 Mitgliedern (vgl. Köster 2001: 10ff).

Nach der Auswertung zahlreicher Aussagen von Ultragruppen auf ihren Internetseiten ist die Motivation der Gruppen multipler Art. Ursprünglicher Auslöser zur Bildung von Ultragruppen war die Verbesserung der Atmosphäre im Stadion. Diese befand sich nach den Krisenjahren der 70er und 80er Jahre nach Empfinden vieler Fans auf dem Nullpunkt (vgl. Otto 2007: 17; vgl. Scheidle 2002: 98; vgl. Ehlers 2004: 51).

Ziemlich schnell wurden die Motive vielfältiger. Dies bestätigt auch die Aussage des *„Commando Cannstatt".*

*„Doch wer meint, Ultra mit einzelnen Teilaspekten wie Support oder Choreos definieren zu können, liegt falsch. Ultra ist mehr, Ultra ist so vielschichtig, dass eine Definition unmöglich ist. (...)"*
(http://www.cc97.de/com_ultras.php, Stand: 28.09.07)

Eine genaue Definition ist wahrlich schwierig. Betrachtet man die einzelnen Gruppen genauer, untersucht ihre Struktur, Schwerpunkte, internen Regeln und Vorstellungen, dann fällt auf, dass sich alle voneinander unterscheiden. So besteht ganz offensichtlich eine unterschiedliche Auffassung darüber, was einen spektakulären und gelungenen Support ausmacht. Während einige Gruppen auf große Kurven-Choreografien (siehe dazu Abbildung 5 auf Seite 148) und möglichst viele Doppelhalter und Spruchbänder setzen, halten andere an der Tradition der Bengalo- und Pyro-Show fest oder beteiligen sich in Kooperation mit Hooligans an gewalttätigen Ausschreitungen (vgl. Schwier 2005: 24). Pilz zieht daher das Fazit,

*„dass es ‚die' deutsche Ultraszene gar nicht gibt. Es lassen sich lediglich einige Gemeinsamkeiten finden. Der erlebnisorientierte Support-Wille, die extreme Lust, den Verein bzw. die Mannschaft 90 Minuten lang akustisch wie auch optisch zu unterstützen, die gemeinsame Vorbereitung*

der Aktionen für den nächsten Spieltag sowie die kritische Haltung gegenüber dem Verein scheinen die gemeinsamen Nenner aller deutschen Ultras zu sein (Pilz u.a. 2006: 12). Zusammengefasst könnte man als Definition sagen: Mit dem Begriff der ‚Ultras' werden besonders leidenschaftliche, emotionale und engagierte Fans bezeichnet, die von der südländischen Kultur des Anfeuerns fasziniert sind und es sich zur Aufgabe gemacht haben, in deutschen Stadien organisiert für bessere Stimmung zu sorgen. Sie besitzen nur eine Identität – ihre Ultra-Identität – die sie sowohl innerhalb der Woche als auch am Wochenende ausleben." (ebd.: 12)

Die Folgen der eingangs beschriebenen Professionalisierung des Fußballsports und die daraus resultierende immer deutlichere Trennung zwischen Zuschauer und Spieler sind überaus deutlich bei den Ultras zu erkennen. Unter den Zuschauern sind es besonders sie, die eine immer größere Sensibilität für ihre eigene Anwesenheit im Stadion entwickeln. So betonen sie immer wieder sehr deutlich, dass es nicht um die Spieler oder nur um den Verein geht. Sie stellen vielmehr sich, den Fan, in den Mittelpunkt. Ähnlich wie der Slogan „Du bist Deutschland" verstehen sich Ultras als „die Fans" und „der Fußball" (vgl. ebd.: 110).

> „Wir sind die Hauptsache! WIR sind das Spiel und der Verein (bzw. dessen Reste). Wir sind der Grund, warum Fußball nach wie vor eine große Faszination auf Menschen jeder Altersklasse ausübt. (...)"
> (http://www.ultrasfrankfurt.de/portal/modules.php?name=selbstvertsta endnis, Stand: 12.01.07)

Wie das vorangegangene Zitat zeigt, fällt es bei dieser enorm selbstbewussten und extrovertierten Szene nicht schwer, sich ein Bild über das Selbstverständnis von Ultragruppen zu machen. Auf sehr vielen Internetseiten der verschiedenen Gruppen wird daher besonderer Wert auf die zugrundeliegenden Ideologien gelegt und diese sind auf den Seiten leicht zu finden.
Ultras verstehen sich als eigenständige Jugendbewegung bzw. Jugendsubkultur. Die Ultras aus Stuttgart drücken dies wie folgt aus:

*„Das Commando Cannstatt versteht sich als Bewegung, in der die Fans sich ausleben und ihre Welt nach ihren Wünschen gestalten können. Wir sind eine unkonventionelle und völlig unabhängige Gruppe, die aus ihrer puren Emotion heraus agiert und die wie andere Szenen, z. B. in der unkommerziellen Musikszene, eine eigene Subkultur bildet - die Subkultur der Ultras."* (http://www.cc97.de/com_ideologie.php , Stand: 07.09.07)

Dabei sehen sie sich als Avantgarde zur Rettung der traditionellen Fußballkultur und wollen Alternativen zu konventionellen Fan-, Zuschauer- und Konsumentenrollen aufzeigen (vgl. Schwier 2005: 23).

*„Wir sind das Gegenteil der Mode, die Verfechter der Tradition beim Fußball."* (http://www.cc97.de/com_ideologie.php , Stand: 07.09.07)

Ultras haben allgemein das Bedürfnis, etwas selbst gestalten und schaffen zu können, Einfluss zu nehmen, Dinge zu hinterfragen und ändern zu können. Sie zeigen dabei Zuneigung, äußern Protest und provozieren den Gegner. Dabei empfinden sie sich selbst als „Extremfans", was sich durch eine unbedingte Präsenz und Aktivität der Gruppen ausdrückt. Dazu gehören auch ihr selbstbewusstes Auftreten und das stets stark betonte kritische Verhältnis gegenüber dem Verein, Verbänden, Polizei und anderen Ultragruppen (vgl. Pilz u.a. 2006: 104). Auf der Homepage der Ultras Frankfurt, die sich inzwischen strukturell verändert haben, stand bis Anfang 2007 Folgendes über das Selbstverständnis der Ultras zu lesen:

*„Ultra ist für uns eine Geisteshaltung, eine grundsätzliche Einstellung zum Fandasein. Wir verstehen uns nicht als bloße in sich hineinen konsumierende Masse, die bierselig im Block steht und alles, was auf dem Platz und drumherum vorgeht, kommentarlos hinnimmt. Ganz im Gegenteil! Wir sind kritische und vor allem mündige Menschen, denen niemand das Denken und das Anprangern herrschender Missstände verbieten kann und wird. Wir verwehren uns ausdrücklich dagegen, ein ungeliebter Teil dieses ‚Events' Fußball zu sein ... "*

*„Ultra zu leben bedeutet mehr als nur Fahnenschwenken und Choreografien zu inszenieren... Klar ist es unbeschreiblich geil, gigantische*

*Fahnenmeere zu erschaffen, und die Mannschaft mit abwechslungsreichen Gesängen bedingungslos zu unterstützen, aber es gibt noch eine andere Seite der man mindestens, wenn nicht noch mehr Bedeutung zumessen sollte: die geistige Seite des Ganzen. Es ist wichtig, eine starke Gruppe zu schaffen, die aus ähnlich denkenden und fühlenden Menschen besteht, die gegen alle äußeren Einflüsse zusammenhält, und die ihre Ideale und Träume versucht zu leben und zu verwirklichen. Eine Gruppe, die noch Werte hat und die auf diese achtet, während in der heutigen Gesellschaft Schlagwörter wie Freundschaft, Treue und Ehrlichkeit von Wörtern wie Gewinnoptimierung und Effizienz verdrängt werden. (...)"*
(http://www.ultrasfrankfurt.de/portal/modules.php?name=selbstvertsta endnis, Stand: 12.01.07)

Zur besseren Verdeutlichung noch ein Statement in den eher praxisbezogenen Worten der *„Harlekins"*, einer Ultragruppe aus Berlin:

*„Wir gehen nicht ins Stadion um unterhalten zu werden, sondern um bedingungslos unsere Mannschaft auf dem Rasen anzufeuern. Jedoch wird kontinuierlich versucht aus uns eine Ware zu machen. Der traditionelle Sport mit den größten Zuschauerzahlen hat sich mittlerweile zum begehrten Milliardengeschäft entwickelt. Das wachsende Interesse von Medien und Wirtschaft führt täglich dazu, dass im Fußball jegliche verwertbare Rechte vermarktet werden um ihn zu finanzieren, denn für die Vereine sind das inzwischen entscheidende Geldquellen. Es werden Unternehmenslogen und Business Seats eingerichtet, Blöcke bzw. ganze (traditionelle) Stadien werden nach Sponsoren benannt. Dort werden Flyer verteilt mit ‚Verhaltensregeln' in denen beschrieben ist, wie der Besucher sich in der entsprechenden Situation auf dem Platz zu verhalten hat, wann er jubeln muss und wann er bei einer Laola mitmachen soll. Dem Besucher wird damit die Freiheit genommen die wahre Atmosphäre und ehrlichen Emotionen zu erfahren und kennen zu lernen, denn es wird ihm künstliche Stimmung aufgedrückt. Doch der Verein hat meistens darüber nicht einmal Kenntnis, weil es ihn nicht interessiert!"*
(http://www.hb98.de/page/gedanken/kommerz.htm, Stand: 12.08.09)

An dieser Stelle könnte man beliebig weiter zitieren, denn es lassen sich genügend Aussagen wie diese auf den Ultrawebseiten deutscher Gruppen finden. Dabei ist es beachtenswert, dass auch bei Gruppen mit ausgeprägten Fanrivalitäten, wie sie sich z.B. zwischen Anhängern von Schalke 04 und dem BVB aus Dortmund finden lassen, eine einheitliche Zielsetzung und Vorstellung ihrer Kultur bestehen.

Anhand dieser beiden Auffassungen zeigt sich, dass es bei den Ultras um mehr geht als nur um Fußball, und dass das „Ultradasein" nicht nur am Wochenende oder an Spieltagen besteht. „Ultrasein" wird für die Jugendlichen zum zentralen Lebensgefühl und Lebensinhalt. Die Gruppe und das gemeinschaftliche Erleben werden dabei zum wichtigsten Gegenstand dieser Jugendkultur (vgl. Krapf 2007: 4f). Der Drang des freien Auslebens in eigens geschaffenen Freiräumen nimmt tendenziell anarchistisch-revolutionäre Züge an. So schreibt eine Frankfurter Gruppe:

> „Es sollte darum gehen, sich eine Gegenwelt zu schaffen, in der man selbst die Regeln bestimmt! Gesellschaftliche Konventionen können dort außer Acht gelassen werden, und man kann einfach so leben wie man es sich vorstellt, ohne allerdings den Blick über den Tellerrand hinaus zu verlieren. Einen eigenen erkämpften, erarbeiteten Freiraum, in dem man der immer uniformer werdenden Gesellschaft entgegen steuern kann und sich kreativ ausleben kann!" (…) „Eine Gruppe sollte einem Halt geben, idealerweise als Ersatzfamilie dienen."
> (http://www.ultrasfrankfurt.de/portal/modules.php?name=selbstvertsta endnis, Stand: 12.01.07)

Das Welt- und Gesellschaftsbild der Ultras orientiert sich, trotz strikter Betonung traditioneller Werte, eher an modernen gesellschaftlichen Vorstellungen (vgl. Gabriel 2004 a: 190). Hinweise hierfür lassen sich auf den ultraeigenen Fanartikeln, den Doppelhaltern, Fahnen und Bannern erkennen, die häufig antiautoritäre Symbole aktueller Zeichentrick-TV-Serien tragen. Gabriel sieht einen weiteren Beleg dafür in der offenen Haltung gegenüber dem Konsum weicher Drogen wie Marihuana oder Haschisch (vgl. ebd.: 191). Jedoch fällt auf, dass anders als bei vielen anderen Jugendkulturen eine Art Selbstregulierungsprozess hinsichtlich der Masse konsumierter Drogen eintritt, so dass sicher gestellt scheint, dass nie die Ziele der Gruppen durch persönliche Gelüste in Gefahr geraten. So schreiben die Ultras aus Düsseldorf auf ihrer Homepage dazu:

> „(...) nicht sternhagelvoll im Block rum stehen. Keiner hat etwas gegen ein kühles Bier oder eine Tüte. Aber seid euch bewusst, warum ihr hier seid. Wer lattendicht in der Ecke steht, kann nicht alles aus sich rausholen und Team und Kurve nicht angemessen vertreten und unterstützen."
> (http://www.block42.de/block-42 , Stand: 13.08.09)

Die Ultras aus Dresden sagen:

> „Alkoholkonsum [hat] spätestens seit der WM 06 einen traurigen Höhepunkt erreicht. Komasaufen zum Fußball. An dieser Stelle noch mal ganz deutlich, es ist uncool und peinlich, völlig betrunken im Block zu stehen bzw. zu wanken." (http://ultras-dynamo.de/ud2009/kblock/rules , Stand: 05.09.2009)

## 5.3 Kulturelle Inhalte und Ziele der Ultraszene

> „Wir folgen nicht blind. Nicht den Medien, die in uns als Feindbild Nummer eins und diejenigen ansehen, die die grenzenlose Fußballparty stören. Nicht den Verbänden, die uns mit uns mit willkürlichen Anstoßzeiten außen vorlassen wollen. Nicht den ‚Ordnungskräften', die uns durch Verbote und Repressionen mundtot machen wollen. Und nicht mal unserem eigenen Verein, der durch hohe Eintrittspreise Sozialschwächere ausgrenzt und die Schuld am eigenen Versagen häufig bei anderen sucht.
>
> Nein, all das machen wir nicht und werden es nie tun. Wir sind frei. Frei in unseren Gedanken, frei in unserem Handeln."
> (http://www.block42.de/block-42 , Stand: 11.09.2009)

Dieses Zitat der Düsseldorfer Ultras gibt einen guten Einstig in dieses Kapitel, da es viele zentrale Elemente der Ultrakultur benennt und verdeutlicht, dass die Ultraszene in Deutschland in vielfacher Hinsicht orientiert ist. Unter anderem definiert sie ihre Ziele und Inhalte wie viele Jugendkulturen über Negation. Dabei werden bestehende Normen, Regeln oder Gesetze hinterfragt und (fast immer) abgelehnt (vgl. Rosenfelder 2005). Dies lassen die eben gemachten Ausführungen, speziell die des Selbstverständnisses, erahnen.

Aus der Vielfältigkeit dieser Jugendsubkultur resultieren verschiedenste Ansatzpunkte für eine Strukturierung dieses Kapitels. Ich greife hier ein Schema von Pilz auf, der die Ultrakultur als Zuneigungs-, Protest-, Demonstrations- und Provokationskultur identifiziert hat. Diese vierfache kulturelle Differenzierung ist bestens geeignet, um Inhalte und die daraus hervorgehenden Ziele genauer zu beschreiben. (vgl. Pilz u.a. 2006: 13)

An dieser Stelle sei auch auf das Ultramanifest im Anhang hingewiesen. Das von den Ultras des AS Roma stammende Manifest wurde von deutschen Ultras übernommen und nur unwesentlich verändert und stellt eine Art Regelwerk für die Ultrakultur dar.


## 5.4 Protest und Demonstration

Ultras sind, wie unter 4.3 gezeigt, nicht die erste Generation von kritischen Protest- und Demonstrationsfans. Sie waren maßgeblich am Erfolg der Protestaktion gegen die Auffächerung der Spieltage, Anstoßzeiten (Pro 15:30) und der teilweise abgewendeten allgemeinen Versitzplatzung beteiligt. Pilz beschreibt es absolut passend, wenn er sagt:

> „Heute sind Ultras das Herz einer Fankurve und zugleich ihre Stimme. Ultras reagieren wie ein Seismograph auf vereins- und ligapolitische Probleme." (Pilz u.a. 2006: 13)

Konkret gemeint sind z.B. Kartenpreiserhöhungen, Spielertransfers, willkürlich verhängte Stadionverbote oder zunehmende Überwachung der Fans (vgl. ebd.: 13). Ultras verstehen sich also als kritischer Gegenpol des modernen und eventisierten Fußballs, und dies äußert sich in besonders erlebnisintensivem, öffentlichkeitswirksamen Support und Demonstrationen oder Protesten.

Die Themenliste, die Ultras interessiert, ist lang und im Prinzip kennt die Szene dabei keine Tabus. Sollten die Ultras mit bestimmten Entwicklungen oder Ereignissen jeglicher Art nicht einverstanden sein, so zögern sie nicht lange, um ihrem Unmut Luft zu machen. So wie die Ultras *„Commando Cannstatt"* des VfB Stuttgart:

> *„Woche für Woche gibt es aktuelle Themen rund um den VfB Stuttgart, die uns Fans beschäftigen. Egal ob es nun ein Spielerwechsel ist, der Stadionumbau, der aktuelle sportliche Erfolg oder die aktuelle sportliche Talfahrt. Das Commando Cannstatt versteht sich hier als aktives Sprachrohr der Fans."*
> (http://www.cc97.de/com_ueberuns.php , Stand: 09.09.07)

Besonderes Instrument des eben erwähnten Sprachrohrs sind neben lauten Sprechrufen die mit viel Mühe erstellten Doppelhalter oder Banner.

Demonstrationen werden aber nicht nur im Stadion veranstaltet, sondern auch außerhalb auf öffentlichen Plätzen. So geschehen im Mai 2002 in Berlin, wo 2.500 Teilnehmer (überwiegend Ultras) für den Erhalt der Fußballkultur demonstrierten (vgl. Gabriel 2004 a: 187ff). In Zeiten, wo beim Betreten des Stadions Spruchbänder auf ihre Aussagen überprüft werden, scheint dies neben dem Internet eine Alternative für öffentlichkeitswirksame Demonstrationen zu sein.

Es lassen sich drei bzw. vier Hauptadressaten für die Demonstrationen und Proteste ermitteln. Dies sind die Medien, die Polizei und die Verbände DFB/DFL (national) bzw. FIFA/UEFA (international). Als viertes führt Pilz die gegnerischen Ultras auf, welche in der vorliegenden Arbeit aber separat unter Punkt 5.4.4 als Teil der Provokationskultur betrachtet werden. Alle Adressaten fungieren in der Szene als mehr oder minder ausgeprägte Feindbilder (vgl. Pilz u.a. 2006: 135ff).

## 5.4.1 Medien

Unter 4.2 wurde bereits die Rolle der Medien in Bezug auf Kommerzialisierung und Eventisierung thematisiert. Die dortigen Ausführungen über die Spaltung des Spieltages sind aber nicht die einzi-
gen Kritikpunkte an den Medien, die von Seiten der Ultras geäußert
werden. Sie bemängeln vielmehr die Art und Weise der Berichterstattung (vgl. Gabriel 2004 a: 188f). Es ist unbestreitbar, dass die
stimmungsvollen Bilder aus der Kurve, mit ihren Choreographien
und dem gesamten Support, für die Medien interessant sind und
daher auch zum Blickfang der Kameras werden. Kommt es aber zu
Ausschreitungen oder werden Bengalos in der Kurve gezündet,
werden die Fans nach Auffassung der Ultras anders betrachtet und
von der Öffentlichkeit über einen Kamm geschoren. Sie werden so
schnell als „Chaoten" oder „Wahnsinnige" dargestellt. Diese Be-
zeichnungen werden von den Ultras als willkürlich und undifferenziert empfunden, und dieser „Gebrauch" des Fans in den Medien
war auch Hintergrund für die Kampagne: „Unsere Bildrechte sind
unverkäuflich!". In der Saison 2002/2003 demonstrierten so deutsche Ultras gegen die diskriminierende Darstellung der Fanszene im
Fernsehen. Die Ultras hatten den TV-Sendern in einer symbolischen
Erklärung die Verwendung von Bildern aus der Kurve untersagt. Im
letzten Abschnitt des damaligen Aufrufs hieß es:

*„Und für diejenigen, die sich bewusst sind, nicht nur der schlichte Rah-
men einer Sportveranstaltung zu sein, sondern sich als Protagonist des
Spektakels verstehen (mit unseren Choreographien, mit unserem Feuer
und unserer Leidenschaft) gegen wir der Fußball-Liga, den Verbänden
und den Fernsehsendern unsere Ablehnung klipp und klar bekannt, im
Laufe der Spielzeit 02/03 Bilder aus der Kurve zu verwenden."* (vgl.
ebd.)

## 5.4.2    Polizei

Die Polizei und auch alle anderen Sicherheitsorgane, wie Bundes-grenzschutz oder Ordner, liefern den Ultras zahlreiche Kritikpunkte, so dass die Exekutive als Hauptfeindbild fungiert. Konkret geht es um die Zunahme von Repressionen[20] gegenüber Fans (vgl. http://www.pro1530.de , Stand 10.10.07; vgl. Pilz u.a. 2006: 137). Dabei scheint das Problem der Ultras mit der Polizei besonders bei Auswärtsspielen ihres Vereins zu bestehen. Pilz arbeitet in seiner Studie dafür mehrere Ursachen heraus. Anders als bei Auswärts-spielen kennt die heimische Polizei „ihre" Ultras. Szenekundige Be-amte können hier aus der Anonymität heraus Straftaten bekannter Personen unterbinden. Dies gelingt bei Auswärtsfans nur bedingt. Ein weiteres Problem bei Auswärtsfahrten stellt für die Ultras auch das Ordner- bzw. das Sicherheitspersonal des gegnerischen Vereins dar. Häufig haben die Gästefans nicht die gleichen Supportmöglich-keiten wie die Heimfans, da jeder Verein selbst entscheidet, wie viele Doppelhalter oder Fahnen zu einem Spiel zugelassen werden. Überzählige und unerwünschte Supportelemente (z.B. obszöne Symbole mit eindeutigem Inhalt oder beleidigende Aussagen) wer-den vor dem Spiel genauso abgenommen, wie mitgeführte Fahnen ohne Fahnenpass (vgl. Thesing 2005: 26ff; vgl. Pilz u.a. 2006: 143ff; vgl. Oehler 2001: 11). Wenn die geliebte Fahne oder ein in zeitaufwändiger Arbeit erstelltes Banner nicht präsentiert werden darf, führt dies zu Konfliktsituationen, welche nicht selten in Ge-walttätigkeiten enden.

Allgemein, egal ob auf Auswärtsfahrten oder bei Heimspielen, be-klagen die Ultras, aber auch Fanbetreuer und andere szenekundige

---

[20] Als Repressionen im Fußballumfeld werden alle polizeilichen Maßnahmen be-zeichnet, die den Willen der Betroffenen einschränken. Diese Maßnahmen reichen von der Aufforderung der Polizei, die Straßenseite zu wechseln, bis hin zur Ingewahrsamnahme ganzer Gruppen (http://www.pro1530.de/index .php?page=repression , Stand: 11.10.07).

Fachleute, das martialische Auftreten und eine arrogante Unnahbarkeit der Polizei und sprechen von Unverhältnismäßigkeit (vgl. Pilz u.a. 2006: 143).

Ein anderes hochbrisantes Feld, mit dem besonders Ultras Probleme haben, ist die Datei „Gewalttäter Sport". Die Datei wird seit dem Jahre 1994 geführt. Auf Bundesebene koordiniert eine „Zentrale Informationsstelle Sporteinsätze" (ZIS) die Sammlung, Bewertung und Steuerung der anlassbezogen übermittelten Informationen aus dem In- und Ausland (vgl. http://www.datenschutz.hessen.de/TB35/K05P03.htm , Stand: 15.10.07). Diese Datei, die also zur zentralen Erfassung von Gewalttätern im Zusammenhang mit Sportereignissen dient, entwickelt sich im Verständnis der Ultras bzw. der kritischen Fans zu einer Schikanemaßnahme gegen Fußballfans, da die Formulierung für die Aufnahme in diese Datei teilweise sehr vage ist. So ist zu lesen:

> *„Dort werden Personen gespeichert (...) wenn zu befürchten ist, dass die betroffenen Personen sich in Zukunft an anlassbezogenen Straftaten beteiligen werden."*
> (http://www.pro1530.de/index.php?page=gewalttaetersport , Stand: 10.09.07)

Die Behörden sind dabei nicht verpflichtet, einer betroffenen Person die Aufnahme in diese Datei mitzuteilen. Somit besteht auch keine Möglichkeit Protest einzulegen. Hier sehen sich Ultras den Willkürmaßnahmen der Behörden schutzlos ausgesetzt (vgl. ebd., Stand: 13.10.07).

## 5.4.3    Fußballverbände

Der Hauptgrund, weshalb die Kritik an den Verbänden so enorm groß ist, ist die Praxis der Stadionverbote. Stadionverbote sollen dazu beitragen, Gefahren für die öffentliche Sicherheit oder Ordnung abzuwenden, insbesondere Gewalt zu dämpfen und Straftaten zu verhindern. Sportinteressierte Zuschauer sollen auch in Zukunft das Gefühl haben, Sportveranstaltungen sicher und ohne Beeinträchtigung in friedlich-sportlicher Atmosphäre verfolgen zu können (vgl. Nationales Konzept Sport und Sicherheit 1992: 20). Nach Angaben der Zentralstelle des DFB für die Erfassung bundesweit wirksamer Stadionverbote waren mit Stand Juni 2008 insgesamt 3.335 solcher Verbote in Kraft (vgl. LKA NRW 2008: 15).

Mittlerweile richtet sich die Kritik der Ultras nicht mehr ausschließlich an die Verbände. Stadionverbote können und werden auch vom Verein ausgesprochen, und so rückt der eigene Verein in die Zielscheibe der Kritik. So geschehen bei den Ultras des FC Bayern München. Der Verein verhängte gegen 73 Bayern-Fans, von denen etwa 20 Personen aus dem Umfeld der Ultragruppe *Schickeria München* kamen, Stadionverbote. Auslöser war ein Angriff von Bayern-Fans auf Anhänger des 1. FC Nürnberg. Beide Gruppen waren zufällig auf einer Raststätte in Würzburg aufeinander getroffen (vgl. Glindmeier 2007). Die Stadionverbote wurden ohne Anhörung der betroffenen Gruppen erteilt. Bezug nehmend auf dieses Ereignis veröffentlichte die Gruppe *Schickeria München* auf ihrer Homepage diese Stellungnahme:

> *„Wiedereinmal hat die Vereinsführung versucht, kritische Fans mit Stadionverboten und Jahreskartenentzug auszuschließen. Dabei wurde erneut ein Vereinsverständnis demonstriert, das davon ausgeht, dass nur wenige Herren im Vorstand den Verein darstellen. Alle anderen werden als Angestellte oder Kunden behandelt. Dies widerspricht fundamental dem traditionellen Verständnis eines Vereins. Wir sehen einen Fußballverein als das Allgemeingut der Menschen in der jeweiligen Stadt und all derjenigen, die sich für ihn begeistern. Wer meint, er hätte die Legitimation, uns einfach auszuschließen, der irrt sich. Auch wir sind (und bleiben) BAYERN MÜNCHEN!* " (http://www.schickeria-muenchen.de , Stand: 13.09.07)

Der Bundesgerichtshof (BGH) in Karlsruhe hat am 30.10.2009 in einer Grundsatzentscheidung über die umstrittenen Regeln der Stadionverbote durch Fußballvereine geurteilt. Demnach können Mitglieder randalierender, gewaltbereiter Fangruppen auch dann bundesweit für alle Fußballstadien gesperrt werden, wenn ihre konkrete Beteiligung an Gewalttätigkeiten nicht nachgewiesen ist. Nach Auffassung der urteilenden Richter genügt es bereits, dass der Fan Teil einer Gruppe war, die durch Randale aufgefallen ist.[21]

Weiterer Kritikpunkt an Vereinen und Verbänden, abseits von Stadionverboten, stellt die schon unter dem Punkt Medien angesprochene Eventisierung und Kommerzialisierung dar. Aus Sicht der Ultras personifizieren die Fußballverbände DFB und die DFL sowie UEFA und FIFA und deren Mitglieder die verhasste Kommerzialisierung, durch die die Freiräume der Fans im Stadion eingeengt werden. Für Ultras verfolgen die Verbände nur Wirtschaftsinteressen, wobei der Fan dabei eine Nebenrolle einnimmt. Ultras fühlen sich nicht verstanden und werfen den Verbänden vor, eine Politik zu betreiben, die den „echten" Fan aus dem Stadion treibt, zu Gunsten des angepassten, friedlichen V.I.P.- Zuschauers (vgl. Pilz u.a. 2006: 147). Der DFB bezieht indessen eindeutig Stellung:

> „Wir lehnen die Position der Ultras ab, sporadische Stadionbesucher oder TV-Zuschauer dürfen nicht diffamiert werden." (Kröner 2005)

---

[21] Der BGH wies somit die Klage eines Bayern-München-Fans ab, gegen den aufgrund des Verdachts auf eine Gewalttat im März 2006 in Duisburg vom MSV ein zweijähriges Besuchsverbot für alle Fußballspiele in Deutschland verhängt worden war. Der zuständige BGH-Senat begründete seine Entscheidung mit dem Hausrecht der Fußballvereine. Sie dürften den Zutritt zu den Stadien verweigern, wenn es für das Hausverbot sachliche Gründe gebe. Die Vereine müssten im Interesse aller Zuschauer für einen störungsfreien Ablauf der Spiele sorgen.

Den Standpunkt der Ultras verdeutlicht am besten die folgende Aussage der Berliner „*Harlekins*":

> „*Der Fußball wird heute nicht mehr als Ereignis mit einem freien Publikum gesehen, welche für den Verein einstehen und diesen repräsentieren, sondern er wird als Veranstaltung einer Kommerzmaschinerie verstanden. Wappen und Vereinsfarben werden verändert, da es sich nach den Gesichtspunkten des Marketings so besser verkaufen lässt, Tradition zählt nicht mehr. Trikotfarben werden immer abenteuerlicher und man muss oftmals zweimal hinschauen, welches Team auf dem Platz das eigene ist. Das Recht der freien Meinungsäußerung ist nicht mehr gegeben und wird vom Verein mit Füßen getreten. Alles was Kritik über den Verein beinhaltet und aus ihrer Sicht nicht fördernd für das Image ist, wird versucht zu unterbinden und verboten.*"
> (http://www.hb98.de/page/gedanken/kommerz.htm , Stand: 23.07.09)

Es zeigt sich, dass hier zwei völlig unterschiedliche Auffassungen aufeinander prallen. Auf der einen Seite steht die Ansicht eines höchst modernen wirtschaftlichen Betriebes, der sich auf dem Markt behaupten muss, auf der anderen Seite ist der Verein ein unantastbarer Traditionsclub. Spannungen sind bei so grundverschiedenen Einstellungen natürlich unvermeidlich.

Ein weiteres Spannungsfeld zwischen Verbänden und Ultras sind Spiele der deutschen Nationalmannschaft. Sehr deutlich wurde das bei der WM 2006, da hier in den Augen der Ultras die eben beschriebene Kommerzialisierung und Eventisierung durch die FIFA ihren Höhepunkt erreichte. Veranstaltungen wie WM oder EM aber auch alle weiteren Spiele der Nationalmannschaft werden von den Gruppen strikt gemieden und es kommt zu keiner Unterstützung (vgl. Pilz u.a. 2006: 158ff). Wenn bei DFB-Spielen eine ultraähnliche Unterstützung wie z.B. eine Kurvenchoreographie zu beobachten ist, so wird diese vom DFB finanziert und in Auftrag gegeben. Als Beispiel kann hier das Spiel Deutschland gegen England vom 19.11.2008 dienen, als es im Berliner Olympiastadion zu einer Choreographie zu Beginn des Spiels kam.[22] Trotz verweigerter Unterstützung sparen die Ultras nicht daran, solche Ereignisse zu kommentieren und ins Lächerliche zu ziehen. In Ultra- und Fußballforen war nach dem Spiel beispielweise von der *„super-DFB-Papier-Kommerz-Choreo"* oder etwa von *„Theo's Ultra-Ramba-Zamba-Trommlern mit Extra-DFB-Werbungs-Pauken"*[23] zu lesen (vgl. http://www.ultrafans.de/index.php/deutschland-england , Stand: 23.09.09).

### 5.4.4 Provokationskultur

Den beiden Begriffen Provokation und Rivalität kann man in der Fußballszene sicher eine gewisse Nähe zuschreiben. Die Veranlagung zur Rivalität gegenüber anderen Gruppen liegt schon in der „Ultranatur" begründet, da jede Gruppe die lauteste und beste sein will (vgl. Gabriel 2004 b: 198). Gerade in den letzten Jahren hat dieser unbedingte Wille, den besten Support abzuliefern, an immenser Bedeutung gewonnen[24] (vgl. Schwier 2005: 23). Die Ultras haben damit den sportlichen Wettkampf vom Rasen aufgenommen und tragen diesen in der Fankurve oder im Internet weiter aus. Dementsprechend kommt dem Blick in die Kurve des Gegners mindestens genauso viel Bedeutung zu, wie dem Geschehen auf dem Rasen. Haben es die gegnerischen Ultras geschafft, Bengalos ins Stadion zu schmuggeln? Wie viele Doppelhalter haben sie? Was für

---

[22] Eine detaillierte Beschreibung von Choreographien findet sich unter Punkt 5.7 Präsentations- und Aktionsformen auf Seite 83.

[23] Gemeint ist Theo Zwanziger, derzeit Präsident des Deutschen Fußballbundes.

[24] Die Fanmagazine der Ultras benoten regelmäßig die Support-Leistungen von Gruppen aus anderen Städten. In diesem Zusammenhang beabsichtigt das vereinsübergreifende Fanzine Erlebnis Fußball (vgl. Erlebnis Fußball 2004: 3) die Einführung einer nationalen Choreographiebewertung. Diese ist derzeit teilweise realisiert (vgl. http://www.erlebnis-fussball.de , Stand: 13.10.07).

Aussagen stehen auf ihren Bannern? Nicht selten werden dabei die Grenzen des guten Geschmacks überschritten und es kommt zu offenen Hassbekundungen. Die mittlerweile aufgelösten Karlsruher Ultras *„Phönix Sons"* schreiben auf ihrer Homepage zum Thema Rivalität bzw. Hass:

> *„Natürlich hassen sich Karlsruher und Stuttgarter und natürlich hassen sich auch die beiden Gruppen PS 99 und CC 97 und dass Hass in vieles ausufern kann ist klar. Es kommt zu verbalen und nonverbalen Auseinandersetzungen, zu Verleumdungen und kleineren Spielchen am Rande des Platzes! Doch alle sind wir Ultras, alle stehen wir für dieselben Dinge ein und alle kämpfen wir gegen die gleichen Repressionen!"*
> (http://www.pska99.de , Stand: 14.09.07)

Die „kleineren Spielchen am Rande" zeigen sich z.B. in Form von Fahnenklau. Die Fahnen einer Gruppe sind ihr höchstes Gut und symbolisieren die Gruppe. Sie werden gepflegt und geschützt wie ein Heiligtum. Erbeutete Fahnen oder Banner werden dem Gegner provokant verkehrt herum am Spieltag am Zaun präsentiert (vgl. Pilz u.a. 2006: 126). Die Dresdener Ultras erläutern die Zaunfahnenwertigkeit einer Gruppe:

> *„Die älteste Regel einer jeden Fanszene und doch sorgt sie vor allem immer wieder bei ‚neuen' Fans für Verwirrung oder Unverständnis. Die Wertigkeit einer Zaunfahne bestimmt auch ihren Platz. Zaunfahnen die immer und überall dabei sind, haben eine höhere Wertigkeit als die, die nur ab und zu bei Heimspielen hängen. Alte mehr als neue. Handgemalte mehr als gedruckte. Je länger eine Fahne dabei ist und je öfter sie hängt, desto näher darf sie in die Blockmitte. Neue Fahnen müssen sich dieses Privileg erst erarbeiten und dürfen deshalb am Anfang immer nur erstmal an den Rand des Blockes."*
> (http://ultras-dynamo.de/ud2009/kblock/rules , Stand 03.09.2009)

Des Weiteren erfreut sich auch das Graffitisprühen eigener Logos auf „gegnerischem" Gebiet und besonders in Stadionnähe höchster Beliebtheit.

Auch Rivalitäten unter Ultragruppen, die für den gleichen Verein leben, sind keine Seltenheit. Hierzu kommt es immer dann, wenn sich mehrere Ultragruppen, wie z.B. beim FC Bayern München oder Borussia Dortmund, um einen Verein bilden. Streitigkeiten gibt es hier besonders über den Standort im Stadion oder die Einheitlichkeit des Supports, bzw. der Mittel, die für den Support benutzt werden (vgl. http://www.desperados-dortmund.de/die_gruppe.html , Stand: 30.09.07).

Eine nicht so offen und intensiv geführte Rivalität ist zwischen Ultras und den übrigen Zuschauern, besonders den Alteingesessenen, zu bemerken. Die Kritikpunkte sind dabei vorhersehbar. Die Ultras halten die „Veteranen" für unkritisch, und umgekehrt werfen die „Veteranen" den Ultras die Spaltung der Fanszene vor. Gerade in der Entstehungsphase der Ultras kam es in der breiten Zuschauermasse zu generellem Unverständnis gegenüber der neuen Form des „Fanseins" (vgl. Oehler 2001: 11; vgl. Gabriel 2004 b: 198).

Unter anderem bedingt durch das so genannte „Beduinen-Syndrom" lassen sich aber auch durchaus Ultra-Freundschaften bzw. Allianzen der Freund- und Feindschaft ausmachen. Dieses geschieht nach folgenden Automatismen: Ein Freund eines Freundes ist automatisch ein Freund, ein Feind eines Freundes ist automatisch ein Feind und ein Feind eines Feindes ist automatisch ein Freund (vgl. Pilz u.a. 2006: 124).

### 5.4.5    Zuneigungskultur

Da es sich bei den Ultras, wie eingangs gezeigt, um fußballzentrierte und erlebnisorientierte Fans handelt, kommt trotz kritischer Einstellung gegenüber dem Verein eine gewisse Zuneigung zu selbigem und zum Fußballereignis an sich hinzu. Die *„Brigade Nord 99"* bringt es auf den Punkt:

*„Ein Ultra lebt sein Leben für die Kurve, Gruppe und Verein."*
(http://www.bn99.com/Gruppe/Mentalitaet/body_mentalitaet.html       ,
Stand: 22.09.07)

Die Liebe und Verbundenheit zum Verein zeigt sich besonders gut bei den mit viel Mühe gestalteten Choreographien, den Fanzines und Internetseiten. Hier finden sich sehr häufig Stadtwappen oder Stadtfarben wieder. Dabei gehen die Gruppen mit enormen Aufwand und einem Höchstmaß an Kreativität vor. Nicht selten wird als Kurvenchoreographie das Panorama der Stadt, insbesondere bestimmte Merkmale wie z.B. Türme, nachgezeichnet (vgl. Pilz u.a. 2006: 13).

Spieler sowie Funktionäre, die lange Zeit für einen Verein tätig waren, können eine Art Heldenstatus erlangen. Bedingung dafür ist natürlich ein loyales, solidarisches und fanfreundliches Verhalten. Eher noch in der italienischen Ultraszene als in der deutschen lassen sich Karikaturen von Spielern auf Doppelhaltern finden, die als eine Art Huldigung zu verstehen sind.


## 5.5 Zusammensetzung und Organisation

Die Ultraszene ist in jeder Hinsicht eine junge und gut organisierte Fanfraktion. Das Durchschnittsalter liegt zwischen 15 und 25 Jahren (vgl. Pilz u.a. 2006: 77; vgl. Schwier 2005: 26). Schwier ordnet die Mitglieder der Ultragruppen den mittleren bzw. oberen Soziallagen zu, wobei ein hoher Anteil männlicher deutscher Schüler und Studenten auffällt (vgl. Schwier 2005: 26). Diese Einschätzung wird durch die von Pilz durchgeführte Studie bestätigt. 40% der befragten Ultras gaben als höchsten Schulabschluss das Abitur, 36% den Realschulabschluss an. Unter den noch schulpflichtigen Ultramitgliedern sind Gymnasiasten doppelt so oft vertreten wie Real- oder Hauptschüler.

Die Gruppenstärke variiert zwischen 20 und 700 Mitgliedern. Nach Selbstauskunft der Ultragruppen der ersten Liga *„Kohorte Duisburg"* (MSV Duisburg), *„Droogs 99"* (Eintracht Frankfurt), *„Commando Cannstatt"* (VFB Stuttgart), *„Harlekins"* (Hertha BSC) und *„Schicke-ria München"* (FC Bayern München) lässt sich eine durchschnittliche Mitgliederzahl von 250 ermitteln. Bei dem eingangs erwähnten Zuschauerdurchschnitt der ersten und zweiten Fußballbundesliga von 28.793 Menschen pro Spiel stellen die Ultras nur 0,87% der gesamten Zuschauer dar. Jedoch liegt die Zahl der Ultrasympathisanten, die sich im Ultrafanblock an Choreografien und dem allgemeinen Support beteiligen, weitaus höher.

Daher erscheint eine weitere Differenzierung der Ultraszene sinnvoll. Pilz nimmt eine Dreiteilung vor:

- Der „harte Kern"
- Ultras im „engeren Sinne" und
- Ultraorientierte Fans

Der „harte Kern" umfasst nur die Führungspersonen und diejenigen, die sich regelmäßig für die Gruppe engagieren.

Der Ultra im „engeren Sinne" beteiligt sich an Kosten und nimmt nur unregelmäßig an einzelnen Treffen teil.

Ultraorientierte Fans sympathisieren mit der Ultrakultur, beteiligen sich auch an den Aktionen, werden aber nicht als Mitglieder in den Gruppen geführt. Sie kommen an Spieltagen meist spontan im Block dazu.[25]

Informell sind insgesamt knapp 7.000 Personen in Ultragruppen der ersten bis dritten Liga namentlich geführt (vgl. Pilz u.a. 2006: 71f), die Tendenz ist steigend. Aber diese Ultramanie bringt nach Einschätzungen des „harten Kerns" auch Probleme mit sich. Sie sehen

---

[25] Um eine zusätzliche Vorstellung von der Intensität des Szeneleben, die die Mitglieder dieser dreigeteilten Gruppe leben, zu bekommen, kann hier das eingangs erwähnte Zonen-Modell auf die Ultrakultur übertragen werden.

den Hauptbestandteil ihrer Subkultur gefährdet und bemängeln eine immer größere Zahl von „Modeultras", die nur dabei sind, weil es zurzeit „cool" ist (vgl. Krapf 2007: 4; vgl. Schwier 2005: 27). Am besten verdeutlicht dies eine Textpassage auf der Internetseite der Ultras Babelsberg – *„Filmstadtinferno99"*:

> *„Wir wollen eine laute, kreative und bunte Fankurve. Wir wollen engagierte Jugendliche, die sich nicht durch Prahlerei und Mackerverhalten profilieren, sondern durch Ideen und Taten. Wir wollen eine ernst zu nehmende Jugendbewegung sein!"*
> (http://www.filmstadtinferno.de/ultras.php?descr=c4ca4238a0b923820 dcc509a6f75849b& , Stand: 01.10.07)

Die Gruppen verfügen in der Regel über ausgeprägte hierarchische Strukturen. Fast alle besitzen einen gewählten Vorstand sowie Finanz-, Vermarktungs- und Medienbeauftragte. Die Hierarchie innerhalb der Gruppe ist abhängig von der Erfahrung und der Aktivität eines Mitglieds. Dabei fällt auf, dass der Konservatismus, der in der traditionellen, proletarisch orientierten Kuttenszene relativ weit verbreitet ist, bei den Ultras nicht die dominierende Lebenseinstellung zu sein scheint. Kleinbürgerliche, stammtischartige Versammlungen mit Tagesordnung und Antragswesen sind bei Treffen der Ultras unüblich (vgl. Schwier 2005: 27; vgl. Gabriel 2004 a: 190). Trotzdem erscheinen in den letzten Jahren auf immer mehr Webseiten der Gruppen eigene Verhaltensregeln oder Kodexe. Diese sollen, nach Aussage der Dresdner Ultras,

> *„zu einem funktionierendem Miteinander der Fans führen, damit der Verein mit einem Maximum an Hingabe unterstützt werden kann."*
> (http://ultras-dynamo.de/ud2009/kblock/rules Stand: 18.09.09)

In den Verhaltensregeln wird u.a. die Art der Unterstützung des Vereins oder die Pflege der Fankultur „geregelt". Aber auch scheinbar Belangloses wie das Filmen oder Fotografieren mit dem Handy in der Fankurve oder der schon eben angesprochene Umgang mit Drogen wird reglementiert.

Anders als in der Kuttenszene scheinen die Ultras auch Frauen ein autonomes Fansein zuzugestehen. So haben sich in letzter Zeit weibliche Ultragruppen gebildet, wie z.B. die *„Girls United"* in Düsseldorf oder die *„Suppenhühner"* um Rot-Weiß Oberhausen (vgl. http://www.girlsunited-2000.de , vgl. http://suppenhuehner.ht m99.de, jeweils Stand: 01.11.07). Häufig handelt es sich hierbei jedoch um Untergruppen bereits etablierter Ultragruppierungen. Dennoch bemerken aktive Stadionbesucher eine Zunahme weiblicher Zuschauer. So schätzen die *„Phönix Sons"* für ihre Kurve einen Frauenanteil von etwa 20% (vgl. Gabriel 2004 b: 204).

## 5.6  Stil und Selbstdarstellungsformen

Stil ist die Gesamtheit der auf typische Weise genutzten oder neu geschaffenen Ausdrucksformen, insbesondere Sprache, Mode, Körpersprache und Musik (Schäfers / Scherr 2005: 139). Nach dieser Auffassung sind Stil und Selbstdarstellung eng miteinander verknüpft.

Schwier interpretiert die Ultras als

> „erste Fangeneration des multimedialen Zeitalters. Die Erfahrung im Umgang mit Medien und besonders die mit dem Internet findet in der Auswahl der subkulturellen Aktionsformen, also in der Selbstdarstellung, ihren Niederschlag." (Schwier 2005: 28f)

Mit den Präsentations- und Aktionsformen, insbesondere der Kurvenchoreographien und der in Deutschland verbotenen bengalischen Feuer, sowie den Internetaktivitäten werden im Folgenden drei Elemente thematisiert, die für die Außenwirkung der Ultrabewegung und ihren inneren Zusammenhalt von erheblicher Bedeutung sind.

## 5.7 Präsentations- und Aktionsformen

### 5.7.1 Allgemeiner Support und Choreographie

Die Art der Anfeuerung, die früher überwiegend von Kuttenfans ausgeübt wurde, hat sich genau wie die Fankultur über die Jahre gewandelt. Der heute dominierende Anfeuerungscharakter der Ultras weist in Teilbereichen grundlegend andere Formen von Verhaltensmustern aller beteiligten Personen auf, als dies noch zu Zeiten der Kutten der Fall war.

In den zurückliegenden Jahren, in denen Ultras im Stadion nicht die tonangebende Fankultur waren, wurden beinahe alle Aktionen auf dem Spielfeld von scheinbar spontan entstehenden, kollektiven Reaktionen der Zuschauer begleitet. Es handelt sich also um ein kollektives Verhalten, das durch die gegenseitige Orientierung der Zuschauer entsteht. Man überträgt im Sinne von Coleman die Kontrolle über die eigene Handlung auf andere Zuschauer, die ihrerseits niemanden die Kontrolle übertragen haben, sondern eine selbständige Handlung ausführen (vgl. Coleman 1991: 260). Diese ist die Initialhandlung, an der sich die anderen orientieren, und so entsteht ein kollektives Verhalten, beispielsweise ein Schlachtruf. Er wird zunächst von einer Person angestimmt und der Rest des Stadions oder der Kurve stimmt nach und nach ein. Gleiche Verhaltensmuster treffen, wie eingangs erwähnt, auf die Ultras nicht ganz zu. Ihre gesamte Anfeuerung, ihr gesamter Support besteht (zumeist) über das komplette Spiel bzw. über die komplette Aufenthaltsdauer im Stadion fort und beschränkt sich eben nicht nur auf eine einzelne Aktion. So muss für besondere Arm-, Klatsch- oder Schalchoreographien kein bestimmter Anlass, wie z.B. ein gefallenes Tor, gegeben sein. Somit ist die Anfeuerung völlig unabhängig vom Spielverlauf oder einer aktuell zugetragenen Aktion. Selbst

wenn die unterstützte Mannschaft scheinbar uneinholbar im Rück-
stand liegt, wird der Support nicht eingestellt.

Es bedarf aber weiterhin einer Initialhandlung, an der sich die anderen Fans orientieren, auch wenn dies unter anderen Voraussetzun-
gen geschieht, da die Initialhandlung nicht spontan geschieht, sondern geplant ist und von den Anderen in der Kurve zu jeder Zeit
erwartet wird.

Doch zunächst: Typischerweise beginnt ein „Auftritt" der Ultras
nicht erst im Stadion, da sich meist Stunden vor dem Spiel getroffen wird. Bei Auswärtsfahrten organisiert die Gruppe im Vorfeld einen Bus oder gibt die Zugverbindung bekannt, mit der die Gruppe
reisen wird. Angekommen am Reiseziel wird im „Corteo" (Fan-
marsch) zu Fuß zum Stadion marschiert. Dabei nimmt der „Corteo"
meist den Charakter einer Demonstration an, da hinter einem Banner, welches das Logo der Gruppe trägt, marschiert wird (vgl.
Sommerey 2009 a: 222).

Die Präsenz der Gruppen im Stadion ist der am leichtesten wahr-
nehmbare Teil der Ultras. Die Ultras begreifen das Stadion zunehmend als Bühne, auf der zeitgleich zwei Stücke aufgeführt werden:
Das Fußballspiel der Mannschaften auf dem Spielfeld und ihre
Supportershow in den Fankurven (vgl. Schwier 2005: 28).

Die blockübergreifende Choreographie[26], wie sie in Abbildung 5
(Seite 148) als Beispiel zu sehen ist, wird beim Einlaufen der Mannschaften abgehalten. Dieses so genannte „Intro" dient als Stim-
mungsmacher und gibt dem Spiel einen feierlichen Rahmen. Choreographien sind ein Phänomen, von dem Beteiligte und Zuschauer

---

[26] Zur Realisierung einer Choreographie werden Papptafeln unterschiedlicher
Farbe auf die Sitzschalen eines Stadionbereichs verteilt. Durch das gleich-
zeitige Hochhalten dieser Tafeln ergibt sich dann ein Gesamtbild. Das Gelin-
gen einer Choreographie setzt also die Beteiligung aller auf dieser Tribüne
anwesenden Zuschauer voraus.

unmittelbar gefangen genommen werden können (vgl. Rosenfelder 2005; vgl. Schwier 2005: 28ff). Zumeist trägt die Choreographie noch einen Schriftzug, bezogen auf ein aktuelles Ereignis oder eine aktuelle Situation. Auf dem Spruchband der Mailänder Ultras ist zu lesen:

„Interista diventi pazzo!" (frei übersetzt: „Inter Fans werden verrückt!")[27]

Auch hier, von der Gestaltung der Fahnen oder Spruchbänder bis zur Choreographie, steht das gemeinschaftliche Erleben im Vordergrund. Die ausgeführten Aktionen werden subjektiv als „Kick", „Belohnung" und „unbeschreiblich geil" empfunden (vgl. Schwier 2005: 30f).

Alle Aktionen werden in Eigenregie geplant und durchgeführt. Auch die enormen Kosten für Choreographien, die sich nicht selten auf 4.000 bis 6.000 Euro pro Choreographie belaufen, werden selber getragen, und dies unterstreicht nochmals die Unabhängigkeit zum Verein (vgl. Gabriel 2004 a: 189). Ein Großteil der anfallenden Kosten wird durch den Verkauf der eigenen Fanartikel finanziert. Die Arbeiten an Bannern und Fahnen nehmen enorm viel Zeit in Anspruch. Aufgrund der gewaltigen Dimensionen, die ein Banner, annehmen kann, finden die Arbeiten oft unter großen Autobahnbrücken oder sogar in Flugzeughangars statt. So geschehen bei den

---

[27] Zum Hintergrund: Die Choreografie zeigt das weltberühmte Gemälde „Der Schrei" des norwegischen Expressionisten Edvard Munch, welches Mitte August 2004 in Oslo aus einem sicher geglaubten Museum gestohlen wurde. Kurz danach kam es zum Derby Inter Mailand gegen den AC Mailand. Die Interfans fühlten sich angesichts einer frühen 2:0 Führung in den Augen der Gegner wohl „ebenso sicher wie das Museum". Doch der AC Mailand glich aus und erzielte Sekunden vor Spielende das 3:2. Das war für die Interfans natürlich unglaublich, genauso wie der Diebstahl des Bildes. Die AC Mailand Ultras fassten die beiden Ereignisse beim Rückspiel des Derbys auf und stellten eine Parallelität her, die sie in der abgebildeten Choreografie zum Ausdruck brachten.

Frankfurter Ultras, die eine Halle der US-Armee nutzen durften, um ihr 26m langes und 2,10m hohes Hauptbanner malen zu können (vgl. Gabriel 2004 b: 197f).

Der gesamte Support einer Ultragruppe nennt sich „Tifo" und wird vom so genannten „Capo" koordiniert. Der „Capo" gilt als Kopf einer Ultragruppe und steht, mit einem Megaphon ausgerüstet, fast das gesamte Spiel mit dem Rücken zum Spielfeld. So kann er die Kommandos für das gemeinsame Hüpfen, Fahnen schwenken, Klatschen oder Singen geben. Wer in einem Spiel den besseren „Tifo" macht, kann schon einmal ein Match verlieren und trotzdem als Sieger nach Hause gehen (vgl. Tesar / Leonhardsberger 2004: 13; vgl. Rosenfelder 2005).

Erst in den letzten Jahren kam es zu zaghaften Versuchen von Seiten der Vereine, die Ultras bei ihrem Support zu unterstützen. So werden z.B. Räume in Stadien zur Verfügung gestellt, wo Material für Aktionen gelagert werden kann, oder Podeste für den „Capo" errichtet, damit der nicht über 90 Minuten auf dem Absperrzaun stehen muss. Vereinzelt sind auch schon komplette Mikrofonanlagen in den Kurven der Heimfans installiert, wodurch der Support noch besser koordiniert werden kann. Jedoch wird diese Art der Unterstützung von vielen Ultragruppen abgelehnt, mit der Begründung, nicht stilecht zu sein (vgl. Thesing 2005: 26ff).

5.7.2    Bengalische Feuer

Bengalische Feuer sind die Achillesferse aller Ultragruppen. Lange Zeit war das Abbrennen pyrotechnischer Elemente einer der häufigsten Gründe für Ordnungsdienste und Polizei, Gewalt anzuwenden (vgl. Gabriel 2004 b: 201). Heutzutage werden die Vereine vom Verband mit empfindlichen Sanktionen, wie Geldstrafen oder „Geisterspielen" (Spiele unter Ausschluss von Zuschauern), belegt, wenn es Personen gelingt, Bengalos mit ins Stadion zu nehmen und zu zünden. Für diese vereinsschädigenden Strafen möchte kein Fan verantwortlich sein und so wird das Abbrennen in deutschen Stadien zumeist unterlassen. Gruppenmitglieder behaupten, dass sie noch nie von Personen gehört hätten, die ernsthaft von Bengalos verletzt wurden. Die Ordnungsinstanzen berichten allerdings genau das Gegenteil (vgl. ebd.: 201f).

Als Konsequenz dieser Verbote und Sanktionen verlagern Ultras ihre Aktionen des Öfteren in untere Ligen, wie z.B. Verbands- oder Landesligen. Hier, in den meist alten Stadien mit wenigen Zuschauern, wird „das Raucharsenal eines gesamten NATO-Herbstmanövers gezündet", wie Oehler passend formuliert (vgl. Oehler 2001: 11). In der Tat ist man hier befreiter von Repressionen und kann leichter das ausleben, wofür man in der Szene kämpft.

Eine Alternative zum Spielbesuch eines Viert- oder Fünftligisten stellt die Reise zu einem Spiel im Ausland dar. Beliebtes Ziel ist hier nach wie vor Italien, da hier, wie eingangs erwähnt, Bengalos und Feuerwerk zum Standard des allgemeinen Supports gehören. Das, was in heimischen Stadien nicht erlaubt ist, kann hier fast ohne Probleme ausgeführt werden (vgl. Gerlings 2007). Abbildung 6 auf Seite 148 zeigt eine Bengalochoreographie im italienischen Giuseppe-Meazza-Stadion.

## 5.7.3    Internet

Das World Wide Web fungiert seit Bestehen dieser Jugendkultur als Leitmedium für deutsche Ultras. Die relativ geringen Zugangsbarrieren und die hohe Verbreitungs- und Veränderungsgeschwindigkeit des Internets machen es für die Ultras zu einer attraktiven Präsentationsplattform. Auf zumeist sehr professionellen Homepages findet eine Art Selbstmediatisierung statt. Das ständige Bemühen um

Distinktion ist auch hier deutlich zu erkennen (vgl. Schwier 2005: 30f). Im andauernden Wettkampf um den Status der besten Fans sind die Webseiten längst zur virtuellen Arena geworden, in der sich jede Gruppe – mit unterschiedlichen Akzentsetzungen – als besonders authentisch, engagiert, humorvoll, kreativ, leidenschaftlich und originell präsentiert. Downloads, Fotos, Video- und Audiosequenzen eigener Aktionen zählen daher ebenso zu den Site-Spezifika wie das Angebot eigener Fanartikel. Diese von den Ultras gewählte Taktik der konsequenten Selbstmediatisierung stellt sicherlich den Motor des dynamischen Wachstums dieser Jugendkultur dar und sichert ihr ebenfalls eine gute Position im Kampf um öffentliche Aufmerksamkeit (vgl. ebd.: 31ff).

Offene Bekenntnisse jeglicher Art findet man auf den Ultrawebseiten immer seltener, denn es hat sich herumgesprochen, dass Ordnungsinstanzen die Internetseiten und Fanforen gezielt durchsuchen, um an Informationen zu gelangen. So möchte man z.B. die Absprache illegaler Aktionen verhindern, was besonders für sehr aktive Gruppen mit viel Aktionspotenzial, aber auch für Hooligangruppen, die sich zu gewalttätigen Aktionen verabreden wollen, ein Organisationsproblem darstellt.

Das *„Commando Cannstatt"* aus Stuttgart ist sich dessen bewusst und gibt auf seiner Internetseite Folgendes bekannt:

> *„Auf das Thema Ultras und Gewalt wollen wir hier nicht näher eingehen, da hier im Internet auch die Polizei mitliest, die eh alles gegen uns auslegt."* (http://www.cc97.de/com_ultras.php , Stand: 23.7.09)

Und so werden etliche Webseiten der Ultragruppen zurückgebaut oder überarbeitet. Exemplarisch ist hier die Webseite des *„Commando Giessen"* zu nennen, auf deren Startseite nur noch zu lesen ist:

> *„Wer Infos benötigt, der kennt die entsprechenden Ansprechpartner."* (http://www.commando-giessen.de , Stand 18.8.09)

## 5.8 Symbole

Wie in jeder Jugendkultur dienen auch den Ultras Symbole zur Integration und Distanzierung. In der Ultraszene finden sowohl linke als auch rechte Symbole ihre Verwendung. In letzter Zeit ist aber ein Trend zu linksgerichteten Symbolen zu bemerken, was auch damit zusammenhängen mag, dass rechte Botschaften im Stadion stärker tabuisiert werden. Nach eigenen Aussagen der Gruppen sollen die Symbole, die politischen Charakter haben, viel mehr „entpolitisiert" als Zeichen von Rebellion und Widerstand verstanden werden (vgl. Schwier 2005: 24f; vgl. Pilz u.a. 2006: 119). Viele politischen und ideologischen Verweise verkörpern entsprechend das, was der italienische Soziologe Alessandro Dal Lago den „bricolage"-Effekt nennt: Symbole und Namen tragen demnach oft nur zur Identität einer Gruppe bei, aber meist nur in Opposition zu anderen Gruppen, und beziehen sich nicht notwendigerweise auf echten Inhalt oder Treue zu den jeweiligen politischen Namensgebern (vgl. Dal Lago 1990: 98ff).

Wie gerade erörtert, wird unter anderem auf Bilder und Symbole früherer Protest- und Rebellionsbewegungen, wie z.B. auf das Bild Ché Guevaras, zurückgegriffen. Weiterhin lassen sich die oben schon angesprochenen antiautoritären Figuren aus aktuellen Zeichentrick-TV-Serien identifizieren. Auf den Doppelhaltern im Stadion ist sehr oft „gelb-blau" „Chief Wiggum" aus der Comic-Serie „Die Simpsons" zu erkennen, der als Polizeichef der Stadt seinen Beruf alles andere als ordnungsgemäß ausführt und lieber persönlichen Gelüsten nachgeht, als zu arbeiten. Die Grafik auf dem Doppelhalter richtet sich daher natürlich an alle Ordnungsinstanzen. Äußerst beliebt sind auch die Charaktere der Comic-Serie „South Park" (vgl. Schwier 2005: 24f; vgl. Gabriel 2004 a: 191).

Auffällig häufig erscheinen Grafiken und Logos von der Schlägertruppe „Droogs" um „Alex DeLarge" aus dem Film „A Clockwork

Orange". Alex, der bei seinen Eskapaden immer einen Melonenhut trägt, verstößt mit seinen „Droogs" gegen alle gesellschaftlichen Normen und Regeln, kämpft, raubt, schändet und mordet. Sie sind *„ready for a bit of the old ultra-violence"* *(sie sind bereit für ein bisschen alte Ultragewalt)*, wie Alex in der ersten Szene des Films sagt. Gegen Ende wird Alex als Opfer, als Verlierer der Gesellschaft dargestellt. Der Film stellt für die Ultras auf visueller, sozialer, politischer und sexueller Ebene verschiedene Ansatzpunkte dar[28].

> *„Die Gruppe der Droogs, ihre Szenesprache, ihre Szenedrogen, ihr Szenelokal, ihre Auseinandersetzungen mit rivalisierenden Gruppen, ihre Rebellion gegen alles und jeden, ihre Coolness. Alles Dinge, die halt irgendwie schon von selbst mit der Welt der Ultras und ihrer Gruppen verwandt sind."*
> (http://www.schickeria-muenchen.de/cgi-bin/index.pl?action=infos &sub=symbolik&sub2=clockwork , Stand: 13.10.07)

Philosophisch betrachtet weist die Gruppe *„Schickeria München"* hier auf durchaus vorhandene Parallelen aus den Erkenntnissen des Films und dem Alltag als aktive Fußballfans hin.

In Italien werden die verschiedenen „A-Clockwork-Orange"-Motive in unzähligen Kurven verwendet. Die prominentesten Nutzer dieser Motive dürften die Ultragruppen um die Vereine Sampdoria Genua (*„Tito Cucchiaroni"*) und Juventus Turin (*„Drughi"*) sein (vgl. http://www.ultrastito.it, http://www.drughi.com, jeweils Stand: 13.10.07). In Deutschland lassen sich auch immer wieder Symbole des Films finden, und die Frankfurter Ultragruppe *„Droogs 99"* benannte sogar ihre Gruppe in Anlehnung an die „Droogs" (vgl. http://www.droogs99.de , Stand: 15.10.07). So scheint der „A-Clockwork-Orange"-Kult auch eine kleine Reminiszenz und Verbeugung vor dem großen Ultravorbild in Italien zu sein.

---

[28] Eine detaillierte Zusammenfassung des Films „A Clockwork Orange" findet sich unter: http://www.filmzentrale.com/rezis/uhrwerkorangesk.htm , Stand: 09.11.07.

Immer öfter wird mit den Symbolen aber auch gespielt und es kommt zu Vermischungen zweier Charaktere. So entsteht dann z.B. ein Melone tragender „Bart Simpson" auf einem Doppelhalter oder Banner mit einer ganz neuen Aussage.

Alle Logos von Ultragruppen der ersten und zweiten Liga spiegeln bis auf wenige Ausnahmen eine hämische und latent aggressive Symbolik wider. Soweit Aussagen auf den Homepages vorhanden sind, wird dort darauf hingewiesen, dass die Symbole als Metapher zu verstehen sind.

> „Da ja sowieso häufig Metaphern und Symbole gewählt werden, die Här-te, Unnachgiebigkeit und den ‚Machismo' zum Ausdruck bringen sollen, kommt die fiese Gang der Droogs da gerade recht."
> (http://www.schickeria-muenchen.de/cgi-bin/index.pl?action=infos &sub=symbolik&sub2=clockwork , Stand: 13.10.07)

Und weiter:

> „(...) beziehen wir die martialischen Motive darauf, daß jeder, egal wer, wissen soll, daß wir in der Lage und Willens sind uns zur Wehr zu set-zen, wenn man uns dumm anmacht oder angreift." (ebd.)

Die Symbole werden also, wie in vielen anderen Kulturen, als Be-deutungsträger verwendet, für Vorstellung von etwas, das nicht ge-genwärtig ist. In der Ultraszene sind dies z.B. Härte, Unnachgiebig-keit, Rebellion. Ohne die Gruppen genauer zu kennen, soll im Vor-feld schon klar sein, für was sie einstehen.

Das Ablehnen von vereinseigenen Fanartikeln und das Verwenden eigener Logos mit vereinsfremden Farben spielt dabei noch eine andere Rolle. Durch das optische Abheben von anderen Fans und Gruppen fällt man auf, man schwimmt nicht mit dem Strom und verfolgt so die Auffassung, zu einer exklusiven Gruppe zu gehören (vgl. Oehler 2001: 10).

So schreibt die „Brigade Nord 99" auf ihrer Homepage dazu:

> *„Unsere Symbole und die Farbe Orange symbolisieren unser streben und Willen nach Autonomie und Veränderung. Wir wollen uns durch diese Extrafarbe von der grauen Masse, sowie mit unserem Gruppennamen und Symbolen, abheben. Jedoch verlieren solche Sachen nie den Bezug zum Fussball und unserer Kurve. Denn wir bilden die darin existierende, aktive Jugendkultur."*
> (http://www.bn99.com/Gruppe/Mentalitaet/body_mentalitaet.html   ,
> Stand: 15.10.07)

## 5.9  Erscheinungsbild

Dass die Ultras keine herkömmlichen Fanutensilien tragen, wurde hier schon mehrfach erwähnt. Dennoch gibt es auch in der Szene eine ausgewählte Kleiderordnung. Der Stil der Kleidung ist insgesamt betrachtet eher dunkel und sportlich orientiert. Bomberjacken und Käppis erinnern dabei stark an den Hooligan-Stil. Nur kleine Details wie Pins oder ein Schal fallen optisch auf und lassen die Vereinszugehörigkeit erahnen. Szenenübliche Produkte sind: „Umbro"-Pulli, „New Balance"-Turnschuhe, „Burberry"-Mütze und die „Lonsdale-Harrington"- oder „Stone-Island"-Jacke. Besonders im Trend sind so genannte „Ninja Kappus", also Pullis mit Kapuze, die beim Tragen nur noch die Augen zeigen (vgl. Pilz 2006: 105).
Fast alle Ultragruppen bieten auf ihren Internetseiten in zum Teil professionell eingerichteten Shops eine eigene Kollektion ihrer Ultrafanartikel an. Dabei fällt im Gegensatz zu ausländischen Ultragruppen auf, dass der Kauf bestimmter Artikel nur möglich ist, wenn man Mitglied der Gruppe ist (vgl. z.B. http://www.suptras-rostock.de/suptrasshop.html, Stand: 16.10.07). Dies soll sicherstellen, dass die begehrte „Memberwear" nur von Personen getragen wird, die sich aktiv für die Gruppe einsetzen. Sympathisanten und die eben angesprochenen Modeultras müssen mit der so genannten „Groupwear" vorlieb nehmen.

Bei Auswärtsfahrten kommt es vor, dass die Fahrt einem Motto unterliegt. Die Gruppen verkleiden sich als „Proll", „Urlauber" oder im Sinne einer „Porno Crew" (vgl. Pilz u.a. 2006: 105). Bereits 1994 überlegten sich die Fans des Kiezclubs FC St. Pauli ein recht kreatives Motto, um auf die weit verbreitete Meinung zu reagieren, dass sich die Anhänger des FC St. Pauli bevorzugt aus den Bereichen der Zuhälter, Drogensüchtigen und Punks rekrutieren. Der Dresscode für das Auswärtsspiel in Zwickau lautete an diesem Tage: Mit „Schlips und Kragen". Und so machten sich ca. 50 bestens bekleidete St.-Pauli-Fans von Hamburg nach Zwickau auf, um ihre Mannschaft dort zu unterstützen. Die Zwickauer Fans empfanden diese Aktion hingegen als eine Provokation von „arroganten Wessis" (vgl. Glindmeier 2009).

Besonders im Winter fallen die Gruppen ab und zu dadurch auf, dass sie ihre T-Shirts und Jacken ablegen und mit freiem Oberkörper in der Kurve stehen bzw. hüpfen und tanzen.

## 5.10 Namensgebung

Die Namensgebung der Ultragruppen hat die gleiche Funktion wie die Verwendung der Symbole. Auch hier soll der exklusive Charakter der Gruppe gezeigt werden und der Unterschied zu den Fanclubs unterstrichen werden (vgl. Schwier 2005: 24).

Der einfache Begriff *„Ultras"* plus den Namen der Stadt oder des Vereins dient meist als Dachverband für alle Gruppen und darüber hinaus ist das aber auch eine selbständig agierende Gruppe. Auf den entsprechenden Internetseiten dieser Gruppen findet man eine Auflistung aller Ultrauntergruppen der Stadt oder des Vereins (vgl. z.B. http://www.ultra-stpauli.de, Stand: 17.10.07). Die Gründung der *„Kohorte Duisburg"*, die ein Zusammenschluss aller Duisburger Ultragruppen ist, zeigt aber zugleich, dass innerhalb der Gruppen einiges in Bewegung ist. So ist das eben Geschriebene lediglich der Status quo jener Gruppen.

Die Namenswahl ist sehr uneinheitlich. *„Kohorten"*, *„Geschwader"*, *„Inferno"* und die unzähligen *„Commandos"* zeigen eine militärische Orientierung einer Gruppe, während die Namen *„Natural Born Ultras"* oder die eben genannten *„Droogs"* auf Kultfilme der letzten Jahre zurückgehen.

## 5.11    Graffiti und Aufkleber

Trotz Verschärfung des Strafrechts benutzen Ultras seit einiger Zeit vermehrt Graffitis und Aufkleber, um sich nach außen zu positionieren. Nach eigener Auffassung wird der Gebrauch dieser Ausdrucksform aber bagatellisiert. Geklebt und gesprayt werden abstrakte Formen ihres eigenen Logos oder einfach nur der Schriftzug der Gruppe.

Graffitis und Aufkleber helfen dabei, Gruppenidentität zu stiften, und dienen gleichzeitig der Provokation bzw. Abgrenzung des Reviers, da mit Vorliebe auf „gegnerischem Gebiet" in Stadionnähe gesprayt wird. Dies beweist Mut und Stärke einer Gruppe (vgl. Pilz u.a. 2006: 124f).

Häufig werden die Ultragruppen aufgrund ihres schlechten Verhältnisses zur Polizei mit der englischsprachigen Formel „A.C.A.B. - All Cops Are Bastards" („Alle Polizisten sind Dreckskerle") in Verbindung gebracht. Eindeutig zuweisen lässt sich diese Vermutung jedoch nicht, da sich heute die Parole in vielen Szenen größerer Beliebtheit erfreut.

## 5.12 Werte und Eigenschaften

Utz und Benke analysierten 1997 die Fußballfanszene, um spezifische Werte und Eigenschaften der Fans zu eruieren. Dabei konnten sie für die Fußballfans fünf prägnante Wertkomplexe ausmachen, wovon sich vier ohne weiteres auch auf die Subkultur der Ultrafans übertragen lassen. Diese vier Wertkomplexe sind:

- Maskulinität (im Sinne von Mut, Ausdauer, Stärke, Unerschrockenheit)
- Solidarität (im Sinne von Zusammenhalt auf den Rängen sowie in der Gruppe, Treue zum Verein)
- Triumphaler Erfolg (bei den Kurvenchoreographien, Fangesängen, Anfeuerungsrufen, Spruchbändern, der Kleidung oder bei gewalttätigen Auseinandersetzungen die Besten oder die Sieger sein)
- Territoriale Souveränität (als Herrschaftsanspruch von Fangruppen in jedem Stadionblock, den sie sich symbolisch angeeignet haben) (vgl. Utz / Benke 1997: 103f; Pilz u.a. 2006: 104f)

Viele dieser Eigenschaften sind im Verlauf schon beschrieben worden, und so sind Maskulinität, triumphaler Erfolg und territoriale Souveränität den Ultras eindeutig zuzuordnen. Die Eigenschaft Solidarität scheint, bei dem bisher dargestellten, nicht dazu zu gehören, ist aber wichtiger Bestandteil jeder ernst zu nehmenden Ultragruppe, die den Ultragedanken verfolgt und pflegt.

## 5.13 Solidarität und Zusammenhalt

Die (weltweite) Szene pflegt untereinander ein ausgesprochen hohes Niveau an Solidarität und Zusammenhalt. Dies möchte ich an zwei ganz unterschiedlichen Beispielen zeigen.

Der österreichische Erstligaverein SV Austria Salzburg wurde im Jahr 2005 vom Sponsor „Red Bull" gekauft. Selten war ein Sponsoring so umstritten wie hier, da in diesem Fall der gesamte Klub übernommen wurde. Die Vereinsfarben violett-weiß wurden durch rot-weiß ersetzt, in Anlehnung an das Design des Sponsors und dessen Artikel. Der Vereinsname wurde geändert in FC Red Bull Salzburg und im Stadion wurden die Stehplätze in Sitzplätze umgewandelt. Für viele eingefleischte Fans war das absolut inakzeptabel. Im Heimspiel gegen FK Austria Wien wurde der Verein von den Ultras symbolisch zu Grabe getragen. Es folgte ein solidarischer Schulterschluss der Ultraszene weltweit. In fast allen europäischen Stadien kam es zu Protesten und Demonstrationen. Sogar in der nordamerikanischen Profifußballliga beim Spiel Portland gegen Seattle fand sich ein Banner mit der Aufschrift „Stoppt Red Bull und den modernen Fußball". Seit jeher steht für viele Fußballfans der FC Red Bull Salzburg als bestes Beispiel für die Kommerzialisierung des Sports (vgl. Thesing 2005 a: 44ff).

Eine ganz andere Art von Solidarität innerhalb der Szene zeigt sich bei näherer Betrachtung auf den Webseiten der Ultras, denn hier finden sich oftmals Rubriken über verstorbene Ultramitglieder. Ausführlich wird aus deren Leben erzählt und man kann Anteil an dem Schicksal der Person nehmen. Nach einem Todesfall ist es übliches Ritual, am nächsten Spieltag im Stadion große Banner zu Ehren des verstorbenen Mitstreiters zu zeigen. Im Fall eines Berliner Ultras, der an Krebs verstarb, wurde ein Benefiz-Fußballturnier von den „Harlekins" veranstaltet, an dem mehrere Ultragruppen aus der ganzen Bundesrepublik teilnahmen. (vgl. http://www.hb98.de/index2.htm , Stand: 24.10.08). Die Wolfsburger Ultras „Weekend Brothers" veranstalten seit dem Sommer 2007 unregelmäßig verschiedene Aktionen, z.B. Poker- oder Fußballturniere, zu Gunsten benachteiligter Kinder und Jugendlicher (vgl. http://www.ultras-wolfsburg.de , Stand 14.10.08).

Zu einem anderen Todesfall in der Karlsruher Ultraszene schreiben die „Phönix Sons":

> „Als unser langjähriges Mitglied (Name ist dem Verfasser bekannt, ent-
> fällt hier aber / Anm. d. Verf.) letztes Jahr verstarb, war es wie ein
> Schock für jeden Ka'ler, insbesondere für uns Phönix Sons. Doch eine
> unglaubliche Welle des Trostes, der Anteilnahme und der Sympathie
> kamen aus allen deutschen Städten von diversen Ultragruppierungen
> etc., sogar aus K'lautern, Mannheim, Dresden und Stuttgart kamen etli-
> che Mitleidsbekundungen." (http://www.pska99.de , Stand: 11.11.08)

## 5.14    Ultras und Politik

Anders als in Italien verstehen sich deutsche Ultras generell als nicht politisch motiviert. Dieser unpolitische Habitus wird nach außen offensiv vertreten, so wie hier von der Gruppe „Schickeria München":

> „was die Fans einer Mannschaft verbindet, war niemals die Hautfarbe,
> sondern immer die Farbe des Schals und des Trikots. Wir wollen eine
> aufgeschlossene, weltoffene Kurve, die offen für Neues ist und sich Din-
> ge erst anschaut, bevor sie entscheidet, was gut und was schlecht ist.
> Ob das jemand schon ‚zu links' ist, ist uns scheißegal, für uns ist es
> ‚OPEN MINDED'!"
> (http://www.schickeria-muenchen.de/cgi-bin/index.pl?action=infos
> &sub=politik , Stand: 15.10.07)

Schwier und Pilz, die die Ultraszene genauer analysiert haben, kommen zu leicht unterschiedlichen Ergebnissen über die politische Orientierung der Ultras. Schwier differenziert innerhalb der Szene nicht und beschreibt eine dominierende antirassistische Grundhaltung (vgl. Schwier 2005: 25f). Pilz konstatiert hingegen, dass die Ultraszene in den neuen Bundesländern rechte Einstellungen, wenn vorhanden, sehr viel offener und direkter zeigt, es aber durchaus Gruppen gibt, die sich antirassistisch engagieren (vgl. Pilz u.a. 2006: 133ff). Fast einheitlich vertreten die Ultras die Meinung, dass

Politik nicht ins Stadion gehört. Es scheint jedoch eine große Diskrepanz zwischen dem neutralen politischen Bekenntnis und der aktiven Bereitschaft, sich gegen politische Äußerungen zur Wehr zu setzen, zu bestehen. Dies bestätigt auch Gabriel, der mehrere Interviews mit Ultragruppen geführt hat (vgl. Gabriel 2004 b: 202f).

Fasst man den Begriff des Politischen etwas weiter, so bedarf es einer Klärung, ob sich die eben genannten Protestaktionen nicht auch als politisch einstufen lassen. Dazu ist eine genaue Abgrenzung der Themenfelder Vereins- bzw. Parteipolitik nötig. Auf Verbands- und Vereinsebene wird aktiv versucht, mit eigenen Vorstellungen und Ideen eine Veränderung herbeizuführen (vgl. Pilz u.a. 2006: 113ff).

Ultras inszenieren sich zwar als ästhetisch radikale Jugendrebellion, halten aber an der (politischen) Hoffnung fest, mit Engagement und Mobilisierung zu einer Verbesserung der Zustände im Fußballsport beizutragen. Sie nehmen also Einfluss auf die Vereins- und Verbandspolitik und sind daher unter differenzierter Betrachtungsweise politisch motiviert (vgl. Schwier 2005: 26).

Die einzige Ultragruppe, die bislang eindeutig politisch Stellung bezieht, kommt (natürlich) aus St. Pauli, Hamburg.

> *„Wir sind links, mit Fug und Recht und aus Überzeugung!"*
> (http://www.ultra-stpauli.com/voran.php?sanktpauli=usp/selbstverstae
> ndnis.usp , Stand: 15.10.07)

In der Literatur lassen sich weitere Ultragruppen finden, die nach eigener Auskunft eindeutig einer politischen Richtung zuzuordnen sind (vgl. Gabler 2009: 118f). Ich jedoch kann Hinweise, die auf eine politische Positionierung deuten würden, nicht erkennen.

## 5.15 Ultras und Gewalt

Bevor der Versuch unternommen werden soll, die Ultraszene losgelöst von der restlichen Zuschauermasse und anderen Jugendkulturen unter dem Gesichtspunkt der Gewaltausübung bzw. des Gefahrenpotenzials der Szene zu betrachten, soll zuvor die Beschreibung der aktuellen Lage im deutschen Fußball aus ordnungspolitischer Sicht eine Einführung in die Thematik liefern.

Die Zentrale Informationsstelle Sporteinsätze (ZIS) veröffentlicht seit der Saison 1991/1992 im Nachgang jeder Spielzeit einen Jahresbericht Fußball. In diesem wird die bundesweite Entwicklung polizeilich relevanter Daten der jeweiligen Fußballsaison in den Standorten der ersten und zweiten Bundesliga erfasst und bewertet. Hierzu gehören unter anderem die Anzahl der eingeleiteten Strafverfahren, der verletzten Personen, der Einsatzstunden der Polizei und auch die zuvor schon erläuterte Einteilung der Personen, die der Kategorie B und C zuzuordnen sind. Mit Beginn der Saison 2000/2001 werden ebenfalls die Daten der Regionalligastandorte erfasst, welche hier aber keine Berücksichtigung finden.

Für die Spiele in den beiden Profiligen sowie die in den Standorten der Bundesliga und der zweiten Bundesliga ausgetragenen Begegnungen des DFB-Pokals, der UEFA-Club-Wettbewerbe und der Länderspiele wurden im Berichtszeitraum der Saison 2007/2008 folgende Stände festgestellt:

- 4.577 eingeleitete Strafverfahren
- 7.264 freiheitsentziehende Maßnahmen
- 501 verletzte Personen
- 1.391.164 Arbeitsstunden der Polizeien der Länder und des Bundes zur unmittelbaren Einsatzbewältigung

Bei den drei zuletzt genannten Werten handelt es sich um Höchstwerte der letzten zwölf Jahre. Nachfolgend werden diese Werte aufgeschlüsselt betrachtet.

Insgesamt wurden 7.264 freiheitsentziehende Maßnahmen durchgeführt und 4.577 Strafverfahren eingeleitet. Über 4.100 der freiheitsentziehenden Maßnahmen betraf Personen im Alter zwischen
14 und 25, also genau die Altersgruppe, in der Ultramitglieder
überwiegend vorkommen. Verteilt man diese Vorkommnisse auf die
36 Clubs der ersten und zweiten Bundesliga, wird jeder Verein und
seine Fans mit 127,1 Strafverfahren und 201,8 freiheitsentziehenden Maßnahmen „belastet".
Eine weitere Auswertung der polizeilichen Statistik zeigt außerdem,
dass Straftaten im Zusammenhang mit Fußballspielen in der Altersgruppe der 14-17jährigen in den letzten 15 Jahren nur geringfügi-
gen Schwankungen unterlagen. So liegt der prozentuale Anteil freiheitsentziehender Maßnahmen bei Minderjährigen aktuell bei
11,33% und damit fast auf einem Niveau wie in den zurückliegenden Jahren (vgl. LKA NRW 2008: 35).

Nachstehende Tabelle gibt Auskunft über Anzahl und Art aller Straftaten in Verbindung mit Fußballveranstaltungen in den letzten drei
Jahren.

*Tabelle 1: Dreijahresübersicht - Gesamtzahl aller Strafverfahren.*

|  | 2005/06 | 2006/07 | 2007/08 |
|---|---|---|---|
| Tötungsdelikte | 0 | 0 | 0 |
| Körperverletzung | 1294 | 1232 | 1237 |
| Widerstand | 235 | 270 | 338 |
| Landfriedensbruch | 459 | 200 | 321 |
| Sachbeschädigung | 480 | 443 | 510 |
| Diebstahl | 204 | 201 | 185 |
| Raub | 41 | 32 | 88 |
| Hausfriedensbruch | 247 | 240 | 256 |
| Erschleichen von Leistungen | 29 | 54 | 85 |
| Verstoß gegen das Waffengesetz | 52 | 27 | 41 |
| Strafverfahren gemäß § 86 a StGB[29] | 229 | 163 | 150 |
| Sonstige (§§ 145 d, 185, 315 c StGB etc.[30]) sowie Verstoß gegen das Betäubungsmittelgesetz, Verstoß gegen das Sprengstoffgesetz sowie Bedrohung/Nötigung | 1306 | 1532 | 1366 |
| **Gesamt** | **4576** | **4394** | **4577** |

*Quelle: Eigene Herleitung aus den Berichten des LKA NRW 2006, 2007, 2008*

Wie in den Saisons 2005/2006 und 2006/2007, entfielen auch 2007/2008 mehr als die Hälfte aller Verfahren, die von den für beide Profiligen zuständigen Polizeibehörden sowie von der Bundespolizei eingeleitet wurden, auf anlasstypische Gewaltdelikte (Körperverletzung, Widerstand, Landfriedensbruch, Sachbeschädigung) sowie Straftaten gem. § 86 a StGB.

---

[29] § 86 a StGB: Verwenden von Kennzeichen verfassungswidriger Organisationen. Tatobjekte können Kennzeichen von solchen Parteien oder Vereinigungen sein, die in § 86 Abs. 1 Nr. 1, 2 und 4 StGB aufgeführt werden. Als Kennzeichen werden dabei u. a. Fahnen, Abzeichen, Uniformstücke, Parolen und (rechtsextreme) Grußformen verstanden.

[30] §§ 145 d: Vortäuschen einer Straftat, § 185: Beleidigung, § 315c: Gefährdung des Straßenverkehrs

Interessant ist in diesem Zusammenhang ein Blick zurück in die Zeit, in der Ultragruppen noch nicht in der Häufigkeit aufgetreten sind, wie sie es heute tun. Aus allen Jahresberichten Fußball der ZIS mit einheitlicher Datenbasis kann folgendes Diagramm erstellt werden.

*Diagramm 3: Jahresübersicht, Strafverfahren und freiheitsentziehende Maßnahmen pro Spiel[31]*

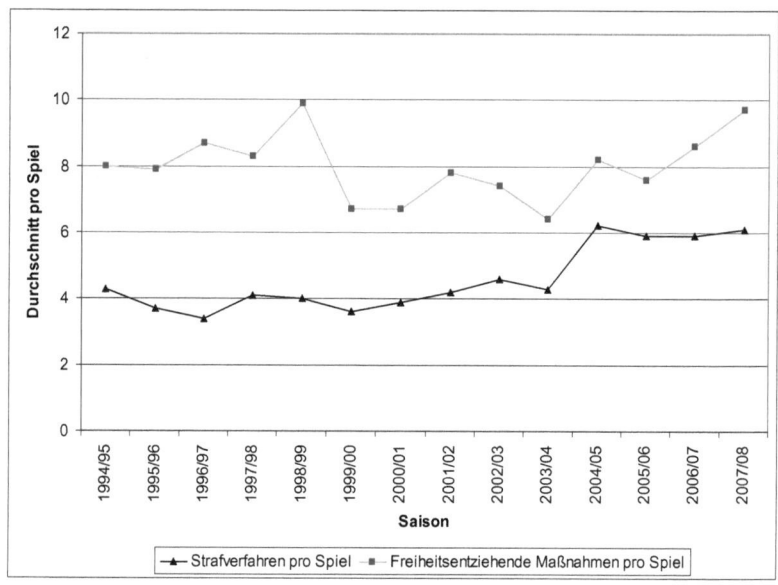

*Quelle: Eigene Herleitung aus den ZIS Jahresberichten*

Von der Saison 1994/1995 bis zur Saison 2003/2004 befand sich die Anzahl der eingeleiteten Strafverfahren auf einem annähernd gleichen Niveau. Die freiheitsentziehenden Maßnahmen hingegen

---

[31] Die Anzahl der Gesamtspiele errechnet sich aus Ligaspielen sowie in den Ligastandorten ausgetragenen Spielen des DFB-Pokals, der UEFA-Wettbewerbe und Länderspiele.

unterliegen starken Sprüngen und befanden sich bis 2004 auf zwei unterschiedlichen Niveauebenen.

Ab der Saison 2004/2005 ist für beide dargestellten Variablen ein deutlicher Anstieg festzustellen, wobei die Anzahl der eingeleiteten Strafverfahren annähernd zu stagnieren scheint. Bei den freiheitsentziehenden Maßnahmen hingegen ist ein jährlicher Anstieg zu erkennen.

*Diagramm 4: Einsatzstunden der Länderpolizeien und Bundespolizei pro Spiel[32]*

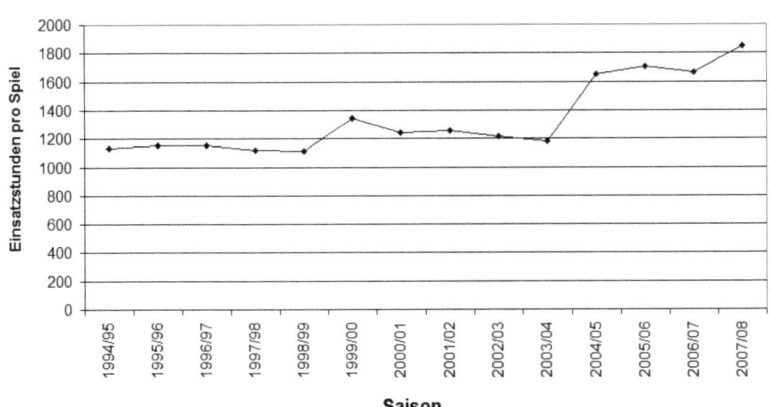

*Quelle: Eigene Herleitung aus den ZIS Jahresberichten*

Ein Blick auf die Einsatzstunden der Länderpolizeien und der Bundespolizei pro Spiel soll einen Rückschluss auf Dynamiken innerhalb und auf Veränderungen (z.B. Gesetze) außerhalb der Fanszene liefern. Ein Anstieg könnte z.B. ein Indiz für eine gewaltbereite Fanszene sein, der versucht wird, mit mehr Polizeibeamten zu begegnen. Vergleicht man die Diagramme 3 und 4 miteinander, ist ein

---

[32] Hier ebenfalls: Die Anzahl der Gesamtspiele errechnet sich aus Ligaspielen sowie in den Ligastandorten ausgetragenen Spielen des DFB-Pokals, der UEFA-Wettbewerbe und Länderspiele.

gleichwertiger, zahlenmäßiger Anstieg der eingeleiteten Strafverfahren sowie freiheitsentziehender Maßnahmen pro Spiel und der
Einsatzstunden der Polizei pro Spiel ab der Saison 2004/2005 zu
erkennen. Diese Sprünge können jedoch nicht innerhalb eines Jah-
res geschehen sein, und so müssen die Faktoren hierfür anderen
Ursprungs sein. Die wahrscheinlichste und sinnvollste Erklärung für
diesen sprunghaften Anstieg aller gerade genannten Variablen sehe
ich in der Vorbereitung der Ordnungskräfte auf die WM 2006 in
Deutschland. Beobachter (vor allem der Presse) aus aller Welt
schauen schon Monate zuvor auf das Veranstaltungsland und berichten von Problemen bei der Organisation oder eben auch von
Gewaltproblematiken. Die Vermittlung einer sicheren Veranstaltung
ist hier von besonderer Bedeutung. Gleiche Tendenz ist auch aktuell
in Südafrika zu erkennen, wo die nächste Fußballweltmeisterschaft
ausgetragen wird. Eine abrupte Reaktion der Ordnungsbehörden
auf ein erhöhtes Ultraaufkommen ist unwahrscheinlich.

Im Zusammenhang mit Ligaspielen wurden in der Saison
2007/2008 501 Personen verletzt (im Vorjahr 494). Auch diese Ge-
samtanzahl der Verletzten stellt den Höchststand der letzten zwölf
Jahre dar.

*Tabelle 2: Anzahl verletzter Personen im Zusammenhang mit Ligaspielen
2007/2008[33]*

|  | Polizeibeamte | Störer | Unbeteiligte | Summe |
|---|---|---|---|---|
| BL | 80 | 96 | 162 | 338 |
| 2. BL | 31 | 55 | 77 | 163 |
| **Gesamt** | **111** | **151** | **239** | **501** |

*Quelle: LKA NRW 2008: 3*

---

[33] Unfallopfer sind in dieser Aufstellung nicht berücksichtigt; weitergehende
Erkenntnisse über den Grad der Verletzungen liegen nicht vor.

Wie jede Statistik kann auch dieser Bericht selbstverständlich kein lebendiges Stimmungsbild der Fanszene vermitteln und soll an dieser Stelle nur einen Eindruck über die aktuelle Sicherheitslage rund um deutsche Stadien vermitteln. Eine Differenzierung nach realen Fangruppen ist dem Bericht nicht zu entnehmen und so ist es nicht möglich, die Ultras aus der gesamten Zuschauermasse zu identifizieren. Es ist lediglich zu lesen:

> „(...) seit nunmehr neun Spielzeiten festzustellende, vermehrte Auftreten von Angehörigen sog. ‚Ultra'-Gruppierungen in den Anhängerschaften nahezu aller Vereine der Bundesliga, der 2. Bundesliga und auch der Regionalliga. Nach dem Vorbild vergleichbarer Gruppen in Italien hatten sie sich anfänglich zum Ziel gesetzt, durch so genannte ‚choreografische Aktionen' - insbesondere auch durch das Abbrennen pyrotechnischer Gegenstände - ihre besondere Verbundenheit zum Verein zu dokumentieren und eine ‚südländische' Atmosphäre in den Stadien zu erzeugen." (ebd.)

Die Ultragruppierungen werden polizeibehördlich mehrheitlich in die Kategorie A, jedoch mit einer starken Tendenz zur Kategorie B eingestuft, denn:

> „Darüber hinaus wird auch zunehmend über eine Steigerung der Aggressivität von Angehörigen der ‚Ultra'-Gruppierungen sowie eine Solidarisierung gegenüber Mitarbeitern der Ordnungsdienste und Einsatzkräften der Polizei berichtet, wenn diese gegenüber Mitgliedern der jeweiligen Gruppe einschreiten. Derartige Verhaltensweisen, auch aus der Vergangenheit bereits bekannt, sind im Berichtszeitraum vermehrt beobachtet worden. Teile der ‚Ultra'-Gruppierungen sind daher ohne Einschränkung in die Kategorien B und C einzustufen." (ebd.: 6)

Insgesamt lassen sich die Ultras also in allen Kategorien wiederfinden, wobei zusätzlich zu bemerken ist, dass situationsbedingt Kategorienwechsel kurzzeitig sicherlich möglich sind.

Die Polizeibehörden erstellen für die Saison 2007/2008 folgendes Bild, welches die gesamte Zuschauermasse umfasst und sich nicht nur auf die Ultras bezieht.

105

*Tabelle 3: Die geschätzten Angaben der Polizeibehörden über Personen der Kategorie B und der Kategorie C*

|  | Kat. B | Kat. C | Summe |
|---|---|---|---|
| BL | 4.085 | 1.450 | 5.535 |
| 2. BL | 1.785 | 735 | 2.520 |
| **Gesamt** | **5.870** | **2.185** | **8.055** |

*Quelle: LKA NRW 2008: 3*

Die geschätzten Angaben der Polizeibehörden über Gewaltpotenzial in den Anhängerschaften der Bundesligavereine liegen mit 8.055 Personen für die Saison 2007/2008 auf einem Stand, der seit Jahren nur geringen Schwankungen unterliegt. Hinzu kommen noch einmal rund 4.000 Personen aus der Regionalliga[34] Nord und Süd, die hier aber nicht aufgeführt sind. Gegenüber der letzten Saison 2006/2007 war damit ein Rückgang des Gesamtpotenzials um insgesamt 345 Personen (- 4,0 Prozent) dieser Kategorien zu verzeichnen. Dieser Rückgang liegt im Bereich der auf- und abstiegsbedingten Schwankungen. Auch zukünftig ist davon auszugehen, dass es insbesondere im Zusammenhang mit dem Auf- und Abstieg von Vereinen zu Änderungen der Anzahl von Personen der Kategorien B und C kommen wird. Der rechnerische Durchschnitt aus den Personengruppen dieser beiden Kategorien liegt bei ca. 224 Personen je Verein der ersten beiden Bundesligen.

Durch die Auswertung zurückliegender Berichte kommt die ZIS nun zu dem Schluss, dass eine Trendwende, die einen Rückgang des Gewaltpotenzials in den Anhängerschaften der Bundesligavereine zeigen würde, weiterhin nicht zu erkennen ist (ebd.: 4f). An den bloßen Zahlen gemessen könnte eher das Gegenteil vermutet werden, nämlich ein Trend zu einer gewaltbereiteren Fanszene. Diese

---

[34] Hier noch letztmalig die Regionalliga, die ab der Saison 2008/2009 durch die 3. Liga ersetzt wird und somit aktuell die dritthöchste Liga im deutschen Fußball darstellt.

Tendenz kann aber falsifiziert werden, da bei einer detaillierten Betrachtungsweise Folgendes auffällt. Einen Teilanstieg bei den jährlichen Strafverfahren ist mit dem Anstieg von Vergehen gegen das Sprengstoffgesetz, hier ist Pyrotechnik gemeint, zu erklären und sollte nicht als generelle Gewalttat gewertet werden (vgl. LKA NRW 2002, 2003, 2008).[35]

Die Ultras können mit der vorangegangenen Betrachtungsweise nur ungefähr eingeordnet werden, und es kann nicht abschließend geklärt werden, welches Sicherheitsrisiko sie aus ordnungspolitischer Sicht darstellen. Daher wird im Folgenden noch einmal der Schwerpunkt auf die Selbstauskunft der Gruppen gelegt.

Die Haltung gegenüber dem Gebrauch von Gewalt ist in der Szene über die Jahre heterogener geworden. So schreibt die Gruppe *„Eastside-Bremen"*:

> *„Gewalt darf von uns bestenfalls als unbedingt notwendige Reaktion erfolgen. Wer uns oder einem von uns auch nur Gewalt androht, muss mit der angebrachten Reaktion leben können. Nicht mehr und nicht weniger."* (http://www.eastside-bremen.de , Stand: 11.10.07)

Dass Ultras Gewalt ausschließlich als Mittel der Gegengewalt oder als Mittel zum Zweck gebrauchen, scheint nicht glaubhaft. Pilz fand in einer Studie heraus, dass rund die Hälfte aller für seine Studie befragten Ultras in den letzten sechs Monaten ein- bis zweimal an körperlichen Auseinandersetzungen in Verbindung mit Fußball beteiligt waren (Pilz u.a. 2006: 130). Weiterhin analysiert er:

> „Innerhalb der großen Gruppe der Ultras gibt es eine kleinere Gruppe, die sich von dem Anspruch der Ultras zur Gewaltlosigkeit zunehmend

---

[35] Von pyrotechnischen Elementen wie Bengalos können große Gefahren ausgehen, die hier nicht bagatellisiert werden sollen. Diese werden hier aber aufgrund ihrer „indirekten" Wirkungsweise nicht gleichgesetzt mit Straftaten wie z.B. der Körperverletzung.

abwendet und sich offen zur Gewalt bekennt. Sich einerseits weiterhin zu den Ultras und deren Ziele bekennend, andererseits aber hooligan-ähnliche Verhaltensweisen propagierend und auch ausübend, könnte man die neue Gruppe als ‚Hooltras' bezeichnen."

Dieser Trend lässt sich auf die Fantypologie aus Punkt 3.5.2 über-tragen. Demnach spaltet sich die Ultraszene nach Pilz zukünftig in die gerade erwähnten „Hooltras" und die „Supporter", für die die friedliche Anfeuerung der Mannschaft weiterhin im Vordergrund steht. Es ergibt sich letztendlich folgende Strukturierung:

*Abbildung 4: Eine Erweiterung von Pilz' Strukturierung der Fanszene*

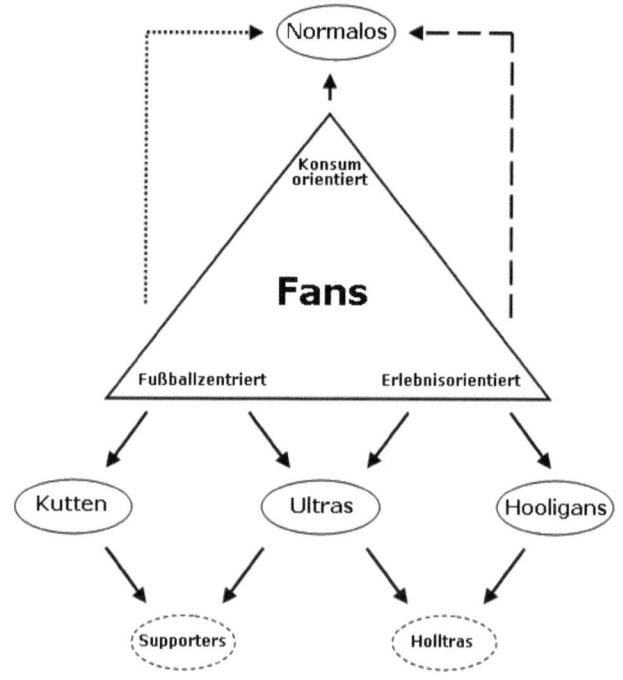

*Quelle: vgl. Pilz o.J.: 1*

Eine polizeiliche Einschätzung mit ähnlicher Tendenz wie Pilz sie hier ausmacht fand sich bereits in Abbildung 3 bzw. Punkt 3.5.3.

Der allgemeine Gewaltdiskurs gewinnt in der Szene immer dann an Relevanz, wenn repressive Kontrollmaßnahmen, ausgeführt z.B. durch die Polizei, wichtige Freiräume im Stadion beschneiden und auch immer dann, wenn sich der Fan vom Verein ausgegrenzt fühlt (vgl. Gabriel 2004 b: 199ff).

Eine Zweiteilung der Ultraszene zwischen neuen und alten Bundesländern, wie sie uns von der Haltung zum Thema Rechtsradikalismus bekannt ist, ist auch bei dem Thema Gewalt zu beobachten. Ultragruppen der neuen Bundesländer äußern sich viel häufiger und offener über Gewalt. Eine Schlussfolgerung, dass die friedlichen Ultras im Westen zu finden sind und die brutalen im Osten, wäre aber vermessen. Jede Gruppe, egal ob im Westen oder Osten der Bundesrepublik, hat gewaltbereite sowie friedliche Mitglieder in ihren Reihen. Pilz identifiziert alles in allem einen sehr großen Anteil von friedlichen Ultras, weist aber zugleich auf eben genannte Tendenzen hin (vgl. Pilz u.a. 2006: 131ff).

## 5.16    Präventionsmaßnahmen

Unter Experten besteht kein Zweifel daran, dass sozialpädagogisch begleitete Fanprojekte der Schlüssel gegen Gewalt, Rechtsextremismus und Hass in den Stadien ist. Deutsche Fanprojekte gelten in ganz Europa als vorbildlich und so orientieren sich zahlreiche internationale Städte, Verbände und Vereine am deutschen System. Grundsätzlich basiert das System der Fanbetreuung auf zwei Säulen: Auf der einen Seite die sozialpädagogischen Fanprojekte, die in öffentlicher Trägerschaft nach den Vorgaben des Nationalen Konzepts Sport und Sicherheit arbeiten und zu gleichen Teilen durch

DFB/DFL, das jeweilige Bundesland und die Kommune finanziert sind. Die Fanbeauftragten wiederum sind als Vereinsvertreter für Fanbelange zuständig, ihr Schwerpunkt liegt im Bereich Service und Organisation. Die Benennung eines Fanbeauftragten ist als Lizenzauflage von der ersten bis zur vierten Liga vorgeschrieben, jedoch sind längst nicht überall hauptamtliche Vertreter tätig. Die Gestaltung der jeweiligen Bereiche, ihrer Ressourcen, Zuständigkeiten und Kooperationen unterscheidet sich je nach Standort sehr stark. (http://www.kos-fanprojekte.info , Stand: 09.07.09).

Um die Wichtigkeit von Fanprojekten nochmals zu unterstreichen, sollen im Folgenden zwei nationale und eine internationale Initiative genauer vorgestellt werden.

## 5.16.1    KOS

Seit August 1993 ist bei der Deutschen Sportjugend die Koordinationsstelle Fan-Projekte (KOS) eingerichtet. Die KOS berät und begleitet im Rahmen des Nationalen Konzepts Sport und Sicherheit (NKSS) die Fanprojekte in Deutschland. Darüber hinaus steht sie weiteren Institutionen (DFB, DFL, Wissenschaft, Polizei, Medien, Politik etc.) als beratende Instanz zur Verfügung. Auf ihrer Internetseite stellt sie Informationen und Materialien zur professionellen pädagogischen Fanarbeit, zum wissenschaftlichen Hintergrund sowie zu aktuellen Entwicklungen in der Fankultur zur Verfügung. Des Weiteren organisiert sie Tagungen zur Professionalisierung der Zusammenarbeit von Fanbeauftragten und Fanprojekten, zuletzt am 19. und 20. Mai 2009. Die Deutsche Fußball-Liga und die Koordinationsstelle Fanprojekte luden hier ein, um mit jeweils 20 Vertreter/innen aus Fanprojekten und Fanbeauftragten über aktuelle Herausforderungen der Fanarbeit, die Arbeitsprofile der beiden unterschiedlichen Bereiche und Perspektiven für zukünftige Kooperationen zu diskutieren (vgl. http://www.kos-fanprojekte.info , Stand: 13.08.09).

## 5.16.2    BAG Fanprojekte

Die Bundesarbeitsgemeinschaft der Fanprojekte (BAG) ist ein selbstverwalteter, fachlicher Zusammenschluss deutscher Fußball-fanprojekte, die präventive, aufsuchende und sozialpädagogische Arbeit mit jugendlichen Fußballfans leisten. Die BAG versteht sich einerseits als „kritische Lobby" für Fußballfans und setzt sich bun-desweit und regional für die Interessen von Fußballfans ein, und andererseits als Zusammenschluss und Interessenvertretung der Mitarbeiter der örtlichen Projekte.

Die Fanprojekte der BAG arbeiten in Städten, in denen eine rele-vante jugendliche Fanszene anzutreffen ist. Als Voraussetzung für die Mitgliedschaft in der BAG gelten die folgenden Arbeitsgrundsät-ze:

- Fanprojekte arbeiten professionell, die Mitarbeiter sind hauptamtlich tätig.
- Fanprojekte sind sozialarbeiterisch bzw. -pädagogisch aus-gerichtet, sie verfügen über entsprechende Konzeptionen (vgl. Rahmenkonzept „Nationales Konzept Sport und Si-cherheit") und Mitarbeiter mit entsprechender Ausbildung oder Erfahrung.
- Fanprojekte sind weisungsungebunden gegenüber den je-weiligen Fußballvereinen, ihren Gremien, den Organisatio-nen von Fußballfans und dem/der DFB/DFL.

In der Regel sind Fanprojekte in diesem Sinne Bestandteil kommu-naler bzw. regionaler Jugend- und Sozialarbeit von Ländern und

Gemeinden und als anerkannte Träger der Jugendhilfe dem Sozial-gesetzbuch (SGB) VIII verpflichtet. (http://www.bag-fanpro jekte.de , Stand: 09.07.09)

In der praktischen Arbeit lassen sich die Fanprojekte, die innerhalb der BAG organisiert sind, u. a. von folgenden Grundsätzen leiten:

- Kritische Parteilichkeit für jugendliche Fans und ihre Inte-ressen vor vereinsbezogenen, kommerziellen und sicher-heitsbezogenen Interessen.
- Vermeidung von Ausgrenzung einzelner Fans oder Fangrup-pen – auch so genannter „Problemgruppen" wie Hooligans oder Skinheads.
- Schutz bzw. Erhaltung der jugendlichen (Subkultur) „Fanszene" als wichtiger und erhaltenswürdiger Bestandteil jugendlicher Sozialisation.

Viele dieser Eckpunkte sind, wie im Verlauf gesehen, wichtige Be-standteile der Ultrakultur. Ein wichtiger Teilaspekt der eben er-wähnten Grundsätze stellt meines Erachtens nach die parteiliche Arbeit dar. Eine stigmatisierte Szene, die durch Vorurteile geprägt ist, bedarf zuerst immer eines Fürsprechers, um sie zu erreichen. Die Jugendlichen sollen und müssen sich aufgehoben und verstan-den fühlen.

## 5.16.3    FARE

Im Februar 1999 fand auf Anregung von Fangruppen aus verschie-denen Regionen Europas eine Konferenz in Wien statt, an der auch Fußballverbände und Spielergewerkschaften teilnahmen, um eine gemeinsame Strategie und ein Grundsatzprogramm gegen Rassis-mus und Fremdendfeindlichkeit zu entwickeln. Hieraus entstanden Football against Racism in Europe (FARE) – ein Netzwerk von Organisationen aus mehreren Ländern Europas – und ein Aktionsplan. Das FARE-Netzwerk hat sich dem Kampf gegen Rassismus und Fremdenfeindlichkeit im Fußball in ganz Europa verschrieben und will durch koordinierte Aktionen und gemeinsame Anstrengungen auf lokaler und nationaler Ebene all diejenigen zusammenbringen, die Diskriminierung im Fußball bekämpfen wollen.

Heute hat das Netzwerk aktive Partner in mehr als 37 Ländern und arbeitet auf allen Ebenen des Fußballs, mit Fans, Spielern, Organisationen von Migranten und ethnischen Minderheiten und mit Verbänden, einschließlich der UEFA und FIFA. Es hat auch Mitglieder innerhalb des aktiven Fußballs, zum Beispiel Profiklubs und Spielergewerkschaften. Durch Unterstützung und Förderung von Basisgruppen und die Bündelung der Stimmen der normalen Fans fungiert FARE als Dachorganisation für diejenigen, die sich in ganz Europa gegen Rassismus und Diskriminierung einsetzen. Das Netzwerk wird von mehreren Partnern in einer zentralen Verwaltungsgruppe koordiniert. Dank des FARE-Netzwerks werden konzertierte Kampagnen für einen Wandel hervorgebracht. Dennoch gibt es nach wie vor Probleme und rassistische Vorfälle, die Ausgrenzung von ethnischen Minderheiten und Migranten sowie die Diskriminierung gehen weiter – auf den Plätzen und anderswo.

Die allgemeinen Ziele des FARE-Netzwerks lassen sich so zusammenfassen:

- Das Engagement im Kampf gegen den Rassismus auf allen Ebenen des Profi- und Amateurfußballs in ganz Europa zu fördern – in den Stadien, auf dem Platz, in Verwaltung, Training und Sportunterricht und über die Medien
- Das Bewusstsein der Fußballgemeinschaft für das integrative Potenzial des Fußballs zu schärfen und Spieler, Vereine, Verbände, Fans, Trainer, Funktionäre, Schiedsrichter, Jour-

nalisten und Politiker zu ermutigen, aktiv gegen Diskriminierung vorzugehen

- Die Vernetzung zu fördern und sich mit einer Reihe von Partnern über die Ländergrenzen hinweg über bewährte Praktiken auszutauschen
- Maßnahmen für Kompetenzaufbau und Stärkung marginalisierter und diskriminierter Gruppen, insbesondere Jugendlicher, Migranten und ethnischer Minderheiten, zu ergreifen.

Aus deutscher Sicht ist hier unbedingt das schon erwähnte Bündnis Aktiver Fußball-Fans (B.A.F.F.) als Teil von FARE zu nennen. Das Bündnis Aktiver Fußball-Fans ist ein seit 1993 bestehender vereinsübergreifender Zusammenschluss von über 200 Einzelmitgliedern und vielen Faninstitutionen. Elementares Ziel ist der Erhalt der historisch gewachsenen Fankultur als Stadion-Live-Ereignis mit hohem Unterhaltungs- und sozialem Integrationswert. Dazu gehört der Kampf gegen Rassismus und Diskriminierung, gegen die übertriebene Kommerzialisierung des Fußballs mit all ihren negativen Auswirkungen (Versitzplatzung, TV-Allmacht, Terminwillkür, Preiserhöhungen, ungerechte Ticketvergabe, Showprogramme usw.) und gegen die zunehmende Repression von Seiten der Polizei und der Ordnungskräfte.

An dieser Stelle lohnt erneut ein Blick zurück in das Mutterland der Ultraszene, Italien. Warum lassen sich dort nicht die Probleme anhand solcher Initiativen lösen? Etliche Beispiele in Deutschland zeigen erfolgreiche Fanarbeit. Jonas Gabler, Politikwissenschaftler, hat die Gesellschaft und die Fanszene in Italien genauer untersucht und nennt zwei konkrete Ursachen. Zum eine bemängelt er die fehlende Bereitschaft beim italienischen Verband, sich in aller Deutlichkeit gegen Rechtsextremismus und Gewalt zu positionieren. Zum anderen verweist er auf die enorme Dominanz gewalttätiger und rechtsextremer Gruppen, die sich über Jahre hinweg etablieren konnten (vgl. Gabler 2009: 132ff). Gabler fragt zu Recht,

> „wie ein Fan-Projekt mit Ultra-Gruppierungen umgehen soll, die teilweise seit über 35 Jahren bestehen, bei denen die ‚capi' zum Teil 50jährige Männer sind und die zudem ein höchst lukratives Geschäftsmodell zu verteidigen haben." (ebd.: 134)

Die Antwort auf diese Frage ist wahrlich schwierig und sicherlich ist das Fehlen von sozialpädagogischen Fanprojekten in Italien nicht der alleinige Grund für die enorme Gewaltproblematik in und um die Stadien. Allerdings steht auch fest, dass, solange sich verantwortliche Institutionen und besonders die Verbände aus der Pflicht nehmen und sich nicht dauerhaft entschlossen und geschlossen gegen Gewalt und Rechtsextremismus bekennen, keine Besserung eintreten kann.

## 5.17    Handlungsempfehlungen

An dieser Stelle lassen sich nun folgende Handlungsempfehlungen geben, die sich im Großen und Ganzen mit den Ergebnissen der Studie von Prof. Dr. Pilz und den Aussagen von Prof. Dr. Adang, Dr. Stott und Schreiber decken:

- Jede Gruppe, jeden einzelnen Jugendlichen ernst nehmen und hinterfragen.
- Versuche des ständigen Dialoges zwischen örtlichen Ultragruppen, der Polizei und Ordnungsinstanzen. Dabei von besonderer Relevanz: das gegenseitige Erklären der Absichten und Motive des Handelns.
- Selbstregulierungsprozesse der Gruppen stärken, indem den Gruppen ihr Handeln und mögliche Folgen aufgezeigt werden, und sie darin fördern, Verantwortung zu übernehmen.

So können gruppendynamische Prozesse unterbunden werden.

- Lokale Netzwerke stärken und untereinander besser vernetzen
- Weiterer Ausbau der Präventionsmaßnahmen
- Abbau von Feindbildern in jeglicher Hinsicht
- Gleichbehandlung aller Fans
- Kontinuierliche Schulungen für Stadionordner und Polizei
- Rezidivierende sozialwissenschaftliche Begleitung des Zuschauerverhaltens sowie weiterer aktueller Entwicklungen

## 5.18 Ultragruppen in ausgesuchten Ländern

Im Folgenden möchte ich einen Überblick über die Ultraszenen ausgesuchter Länder und Sportarten geben. Besonders ist hier anzumerken, dass nachfolgende Unterpunkte nicht mehr für das Fazit und das Ergebnis dieser Arbeit gewertet werden, da diese Erkenntnisse auf Aussagen von szenekundigen Personen zurückzuführen sind und zum größten Teil aus dem Forum www.ultras.ws entnommen wurden. Sie sind daher nicht empirisch belegbar.

Für die Ausbreitung des Ultra-Lifestyles in ganz Europa sind zwei Faktoren bedeutsam. Der immense Organisationsgrad in Verbindung mit den gesteigerten Europacup-Aktivitäten italienischer Vereine und deren intensiver medialer Verbreitung gelten als Wegbereiter dieser neu entstandenen Fankultur. Ausgehend vom *„manifesto degli ultras"* (Ultras des AS Roma, siehe Anhang) gründeten sich immer mehr Ultragruppen in fast allen Teilen von Europa und vereinzelt auch auf anderen Kontinenten (vgl. Tesar / Leonhardsberger 2004: 13).

### 5.18.1 Frankreich

Durch die Nähe zu Italien entwickelte sich in den 80er Jahren besonders im südlichen Frankreich ebenfalls eine Ultraszene. Die Vorreiter der Bewegung kamen aus Marseille, Paris und Nizza. *„Commando ultra 84"*, *„Boulogne Boys 85"* und *„Südbrigade 85"* sind ein Begriff für die Ultraszene des Landes. Jedoch bis auf Marseille, Paris und St. Etienne ist es keiner anderen Ultragruppe gelungen, der ganzen Fankurve die Ultramentalität zu vermitteln. In Frankreich gibt es zwei Epochen des Ultradaseins, eine vor und eine nach Erlass des Alliot-Marie-Gesetzes[36]. Mit diesem Erlass und durch eine generelle Radikalisierung erhielt die Politik Einzug in die Stadien. So spaltete sich die Ultraszene in radikale Linke (z.B. die Fanszene in Marseille) und eine radikale Rechte (z.B. bei Paris Saint Germain). So kam es nicht nur bei lokalen Derbies, sondern auch bei Spielen weit entfernter Clubs, wie eben Paris und Marseille, zu Ausschreitungen mit schweren Straßenschlachten.

In Frankreich steht der Begriff Ultra auch für den gewaltbereiten Fan. Durch den Gewinn der WM 1998 erlebte die Ultrabewegung einen Aufschwung, was dazu führte, dass viele Jugendliche an den lokalen Vereinen Gefallen fanden und sich eine neue Ultrageneration bildete. Nach mehr als 25 Jahren Ultramanie können es die großen Gruppen auf dem Gebiet der optischen Unterstützung mit Italien aufnehmen. Durch die unüberwindbaren Differenzen innerhalb der französischen Ultras ist allerdings ein gemeinsamer Support der Nationalmannschaft undenkbar.

---

[36] Zu Beginn der 90iger Jahre beschloss die französische Regierung weitreichende Gesetzesänderungen, die auch den Fußball und somit die Ultras betrafen. Man beschloss u.a., jegliche Pyrotechnik aus den Stadien zu verbannen und härtere Strafen in Verbindung mit Fanausschreitungen zu erlassen. Mit vielen Hundertschaften, die zuvor in dieser Form nie Teil einer Fußballveranstaltung waren, wurden die Gesetze in den Stadien Frankreichs durchgesetzt.

## 5.18.2   England

Die englische Fußballkultur wurde im Verlauf dieser Arbeit immer wieder erwähnt und mit in die Gesamtbetrachtung einbezogen, da sie, heute weniger als früher, Einfluss auf die deutsche Szene nimmt bzw. genommen hat. An dieser Stelle wird die Gelegenheit genutzt, die englische Fanszene etwas genauer zu betrachten, mit dem Schwerpunkt auf der Genese der Hooliganszene, weil die Ultraszene in England so gut wie nicht existiert.

Im England der 70er und 80er Jahre machte der Hooliganismus verbreitet auf sich aufmerksam. Fast jede Woche gingen Schlagzeilen von schweren Ausschreitungen in und vor den Spielen durch die Presse, wodurch die Engländer noch heute den Ruf der „besten" Hooligans der Welt besitzen. Zu dieser Zeit war der englische Hooligankult in seiner Blütezeit und die *„Firms"* und *„Crews"* machten sich in ganz Europa einen Namen. In London stiegen zum Beispiel die legendären *„Chelsea Head Hunters"* (Chelsea FC), die *„Inter City Firm"* (Westham United) und die gefürchteten *„Bushwackers"* (Millwall FC) zu den führenden Hooligangruppen Englands auf. Insbesondere die *„Bushwackers"*, die eine Spur der Verwüstung in den Stadien hinterließen und sich vor allem Kämpfe mit den *„Hammers"* aus Westham lieferten, gerieten in den Fokus der Medien. 1970, als eine Dokumentation über die *„Bushwackers"* im englischen Fernsehen gezeigt wurde, wuchs der Hooliganismus zu einem gesellschaftlichen Problem an. Das Auftreten der *„Firms"* aus dem Londoner Zentrum führte dazu, dass nur noch Vereinsmitglieder Zutritt in die Stadien erhielten. In den 80er Jahren entdeckten die Mitglieder Designerkleidung für sich, ein entscheidender Schritt, da solche Kleidungsstile, wie auch anhand der Ultrakultur in Deutschland gezeigt, viele Szenen prägt. Während die Polizei nach Anhängern mit Schals oder mit Skinhead-typischer Kleidung (Kultmarke Doc Martin) suchte, distanzierten sich die Hooligans zunehmend von dieser Kleidung. Später bestimmten die großen Rivalitäten das Stadtbild von London. West Ham gegen Millwall war dabei die am intensivsten gepflegte Feindschaft, aber auch Spiele der Tottenham Hotspurs gegen Chelsea oder Arsenal gegen die Spurs wurden von heftigen Krawallen begleitet. Außerhalb Londons gab es anfangs wesentlich weniger Hooligans, vielleicht mit Ausnahme der Anhänger des FC Liverpools. Neben den innerstädtischen Konflikten, wie in Manchester oder Birmingham, entstanden auch überregionale Rivalitäten. Die brutalen Kämpfe zwischen Portsmouth und Southampton, Newcastle und Sunderland, Manchester United und West Ham, Cardiff und Swansea sowie Leeds United und Manchester United sind die bekanntesten. Nachdem die Hooliganidee, so schien es, ganz England erobert hatte, schwappte diese damals neue Fankultur und Art der Auseinandersetzung auf das Festland Europas über. Für die ersten Schlagzeilen sorgten die *„Yid's"*, eine Gruppe um die Tottenham Hotspurs, bei einem Europapokalspiel gegen Feyenoord Rotterdam, als man sich mit der Polizei eine Straßenschlacht lieferte. Dieses Ereignis sollte einen großen Einfluss auf den Fußballfan in ganz Europa haben, schauten doch viele immer öfter auf das Geschehen in der englischen Liga. Gerade die noch junge holländische oder polnische Szene wurden durch die als Vorbilder geltenden *„Firms"* und *„Crew's"* beeinflusst, was man speziell in Polen noch gut erkennen kann. Dieser Trend setzte sich bis zur Tragödie in Brüssel fort. Während die englischen Hooligans ihre intensive Feindschaft mit den italienischen Anhängern pflegten, entstanden im Rahmen der anstehenden Fußball-Europameisterschaft immer mehr Reglementierungen, die Einfluss auf die gesamte Fankultur nahmen. Versitzplatzung, Alkoholverbote im Stadion sowie in Gaststätten um das Stadion herum, das Verbot des Mitbringens von Fanutensilien etc. traten, begleitet von massiven Stadionverboten, in Kraft.

### 5.18.3 Österreich

Auch in Österreich gibt es eine bedeutsame Ultrakulturlandschaft mit einem höchst unterschiedlichen Grad an Aktivität und Bekanntheit. Die erste Ultragruppe des Landes, welche sich am 01. Februar 1988 gründete, nannte sich *„Ultras Rapid Block West"*. Ähnlich wie in Deutschland und Italien gehören auch in Österreich Doppelhalter, Schwenkfahnen sowie Schalparaden, Choreographien aber auch Rauchbomben und Bengalos zum Auftritt der Ultras dazu. Neben den Ultras Rapid bestehen beim SK Rapid Wien noch die *„Tornados Rapid"* sowie die *„Fossa dei Bastardi"*. Beim FK Austria Wien ist die Ultraszene recht unübersichtlich, als treibende Kraft dürfte man wohl die *„Fedayn Vienna"* ansehen. Durch die schon erwähnte Übernahme Austria Salzburgs durch das Unternehmen Red Bull litten die Gruppen *„Union Ultra '99"* sowie *„Tough Guys Salzburg 92"* sehr. Neben den hier genannten bestehen noch zahlreiche extrem aktive Ultragruppen in Österreich.

### 5.18.4 Portugal

Auch in Portugal gibt es einige Ultragruppierungen. Die bekanntesten sind die *„Diabos Vermelhos"* und *„No Name Boys"* von Benfica Lissabon. Außerdem existieren die *„Super Dragões"* des FC Portos sowie die *„Juve Leo"* und *„Torcida Verde"* von Sporting Lissabon. Alle anderen Ultragruppierungen sind international eher weniger bekannt. Ein Ultraaufschwung bedingt durch die Europameisterschaft 2004 ist nicht festzustellen.

### 5.18.5 Türkei

Wie im gesamten Balkanraum gehört auch die Szene in der Türkei zu den ausgeprägtesten Ultrabewegungen Europas. Neben den Gruppen der Istanbuler Großklubs *„ultrAslan"* (Galatasaray), *„Kill*

*For You"* (Fenerbahçe) und *„Çarşı"* (Beşiktaş) gibt es auch etablierte Gruppen vieler anatolischer Mannschaften, wie z.b. *„Teksas"* (Bursaspor), *„Gecekondu"* (Ankaragücü) oder *„Karşıyaka Çarşı"* (Karşıyaka SK). Der Türkische Fußballverband und die Vereinsvorstände entscheiden zu Saisonbeginn, ob Ultragruppierungen Spiele in den Stadien der „Erzrivalen" besuchen dürfen. Insgesamt stellt die türkische Ultraszene eine sehr aktive Szene dar.

## 5.18.6 Spanien

Mit der gewonnenen Europameisterschaft 2008 und den Siegen der spanischen Vereine in der Champions League erwartet man auch in Spanien eine ausgeprägte und gut organisiere Ultralandschaft. Die Realität sieht jedoch anders aus. Die spanische Fanlandschaft ist im internationalen Vergleich eher unterdurchschnittlich besetzt und die Ultraszene kaum nennenswert. Bedeutsame Gruppierungen, die ihre Bedeutung jedoch in erster Line auf Grund der namhaften Vereine, die sie unterstützen, erlangen, sind die Gruppen des FC Barcelona, die *„Boixosnois Barca"*, und die *„Ultras Sur"*, eine Ultragruppe um den Verein Real Madrid. Besonderes „Defizit" gegenüber anderen europäischen Gruppen ist die geringe Präsenz der spanischen Ultragruppen bei Auswärtsspielen des Vereins.

## 5.18.7 Griechenland

Die Szene in Griechenland gilt als eine der extremsten Europas. Bei Duellen der großen Clubs im Großraum Athen (Olympiakos Piräus, Panathinaikos Athen, AEK Athen) kommt es häufig zu schweren Ausschreitungen. Deshalb ist es den dortigen Ultras seit einigen Jahren verboten, Derbies im Stadion des Gegners zu besuchen. Die bekanntesten und aktivsten Gruppen sind *„Thyra 13"* (Gate 13, Panathinaikos), *„Thyra 7"* (Olympiakos Piräus), *„Thyra 4"* (PAOK),

„*Autonomous Gate 10*" (Iraklis Thessaloniki), „*Super3*" (Aris Thessaloniki) und „*Original 21*" (AEK Athen).

## 5.18.8    Schweiz

Die Fanszene des Landes ist relativ übersichtlich. Trotzdem sind auch in der Schweiz in den letzten Jahren bei den meisten erstklassigen Vereinen Ultragruppierungen entstanden. Die wichtigsten sind in Basel, Bern, Zürich, Sion, Luzern und St. Gallen beheimatet. In Zürich findet man die Ultras vor allem in der so genannten „*Zürcher Südkurve*", die den FC Zürich unterstützt. Sie sind in der ganzen Schweiz bekannt für sehr kreative und aufwändige Choreographien. Auch beim Stadtrivalen Grasshoppers Zürich gibt es zwei große Ultragruppierungen, die „*Blue Side*" und die „*Bulldogs*", in der so genannten „*Estrade Ost*". Zu erwähnen sind auch die „*Zaungäste*" und die „*BWEL*", welche den FC Luzern unterstützen.
Unbedingt zu nennen sind die „*Inferno Basel*" vom FC Basel, die in der „*Muttenzer Kurve*" beheimatet sind. Obwohl die Basler Fans für ihre aufwändigen Choreographien bekannt sind, machte die Basler Szene auch immer wieder negative Schlagzeilen. Nach der knapp verpassten Meisterschaft 2006 (letztes Spiel) im eigenen Stadion gegen den FC Zürich kam es zu einem Platzsturm und Ausschreitungen im und außerhalb des Stadions, nachdem der FC Zürich in der 93. Minute das meisterschaftsentscheidende Tor schoss. Die Basler Ultraszene ist für ihre Krawalle bekannt; so wurde der Gästesektor im Stadion Hardtum der Grasshoppers Zürich mehrmals in Brand gesetzt und dadurch Sachschaden verursacht.
Am 5. Dezember 2004 kam es in Zürich am Bahnhof Zürich-Altstetten (wenige Wochen nach den verheerenden Krawallen in Zürich) zu einer umstrittenen Polizeiaktion. Vor dem Spiel Grasshoppers Zürich - FC Basel wurden um die 450 Basler Fans (darunter viele Ultraanhänger), die mit einem Sonderzug anreisten,

von der Zürcher Polizei zum Teil bis zu 24 Stunden zur Untersuchung festgehalten. Diese umstrittene Aktion löste in der ganzen Schweiz scharfe Kritik gegenüber der Zürcher Polizei und der Stadt Zürich aus.

### 5.18.9 Ehemaliges Jugoslawien

Aufgrund der Spannungen zwischen den unterschiedlichen Ethnien kam es insbesondere bei Spielen zwischen kroatischen und serbischen Mannschaften immer wieder zu Konflikten. Die älteste Ultragruppe *„Torcida"* von Hajduk Split wurde 1950 gegründet. Nach dem Verbot und der zwangsweise dadurch unorganisierten Anhängerschaft erfolgte 1980 die Neugruppierung. Die 1986 gegründeten *„Bad Blue Boys"* von Dynamo Zagreb sind die größten Rivalen in der Szene. Ebenfalls erwähnenswert ist die *„Armada"* vom HNK Rijeka. Neben ihrem Enthusiasmus und ihrem Hang zur Pyrotechnik sind die Fans des Balkans auch bekannt für ihre Brutalität und Gewaltbereitschaft. Hochburgen der Ultras befinden sich in Split, Zagreb und Belgrad. Besonders gefährlich sind Auswärtsfahrten. Nach dem Zusammenbruch des Ostblocks und der immer instabiler werdenden jugoslawischen Regierung wurde ein Fußballspiel zum Spiegel des ethnischen Konflikts. Das Spiel zwischen Dynamo Zagreb und Roter Stern Belgrad wurde als Vorbote des Bürgerkrieges (1992-1995) verstanden. Insbesondere die Anhänger von Roter Stern Belgrad unter ihrem Fanbeauftragten Arkan[37] sorgten für großes Leid im Bürgerkrieg. Die Fanszene aus Kroatien, insbesondere Gruppen aus Split und Zagreb, kämpften gegen Fans aus Serbien, jedoch um ihr Leben und nicht um Ruhm und Ehre. Das Land

---

[37] Arkan war ein berüchtigter Milizenführer (Arkans Tiger), der zur obersten Führungsriege von Roter Stern Belgrad gehörte und seine Anhänger vor allem unter den Hooligans des Vereins rekrutierte. Ihm wurde vorgeworfen, Völkermord und Vertreibungen an Nicht-Serben während der Jugoslawienkriege befehligt zu haben.

teilte sich nach dem Bürgerkrieg in seine Teilgebiete und Ligen auf. Die großen Derbies zwischen Split, Zagreb und Belgrad gibt es somit nicht mehr.

In der kroatischen Szene wird auf Pyrotechnik viel Wert gelegt, dagegen sind Choreographien eher selten zu bewundern. Vor allem die Derbies von Dynamo und Hajduk sowie die Spiele gegen Rijeka haben ihren besonderen Reiz.

In Serbien kommt es nur bei dem großen Derby zwischen Roter Stern gegen Partizan Belgrad zu ultraähnlicher Unterstützung. So sind die beiden Belgrader Stadtderbies das Highlight der serbischen Liga. Bei diesen Derbies kann man aufwändige Choreographien bewundern. Ausschreitungen, sowohl vor als auch nach jedem Derby, sind nichts Außergewöhnliches.

In den restlichen neugegründeten Staaten des ehemaligen Jugoslawiens lassen sich keine nennenswerten Ultraszenen identifizieren. Dies mag auch daran liegen, dass sich die Fußballligen dort noch im Aufbau befinden.


## 5.18.10   Brasilien

Auch in Brasilien, dem Land des Fußballrekordweltmeisters, gibt es einige Ultrabewegungen. Beispielhaft zu nennen sind hier die Gruppen *„Nucleo Ultras 1914"* von Palmeiras sowie die *„Brigada Jovem Lusitana"* von Portuguesa. Hauptsächlich organisieren sich Fußballbegeisterte jedoch in „torcidas". Torcidas sind große Organisationen, deren Mitglieder Beiträge zahlen und eigene Erkennungszeichen tragen. Häufig veranstalten torcidas fußballferne Ereignisse: Die Gaviões da Fiel der Corinthians São Paulo ist eine bekannte Sambaschule des Karnevals. In der Vergangenheit gab es zahlreiche Konflikte zwischen verfeindeten torcidas (teilweise desselben Vereines) oder Zusammenstöße mit der Polizei, die nicht selten in blutigen Straßenschlachten enden.

## 5.19 Ultrakulturen in ausgesuchten Sportarten

### 5.19.1 Handball

Seit dem Jahre 2000 entstehen auch beim Handball Ultragruppierungen. Als erste und wichtigste gelten die *„Ultras Flensburg"*. Sie konnten sich durch die größte Stehplatztribüne der deutschen Handballbundesliga gut entwickeln. Aktuell hat der SG Flensburg-Handewitt dem Fan-Klub „Ultras" Hallenverbot erteilt. Grund für den Ausschluss sind Auseinandersetzungen zwischen der Gruppierung und Anhängern des GWD Minden. Laut Polizei und Sicherheitsdienst ist es zu gewalttätigen Ausschreitungen gekommen. Auch mit dem Wissen, dass nicht alle Mitglieder der Ultragruppe gewaltbereit sind, sah der Verein den Schritt als notwendig an, wie in einer offiziellen Presseerklärung zu lesen war.

Nach 2000 entstanden auch bei anderen deutschen Handballclubs Ultragruppen. Im Ausland sind besonders die *„Boys"* aus Aalborg (Dänemark) und die *„Florijani"* aus Celje (Slowenien) zu nennen. Dazu kommen viele Gruppen in den Ligen der osteuropäischen Länder.

### 5.19.2 Eishockey

Hauptsächlich seit 2000/2001 setzte sich der Ultragedanke auch in der deutschen Eishockey-Fanszene durch, und so sind in vielen Eishallen der DEL bis in die Oberligen diverse Ultragruppierungen zu finden. Erste ultraähnliche Gruppierungen bildeten sich jedoch schon früher. Mitte der 90er Jahre gab es in München die ersten Choreographien zu sehen und es bildeten sich die *„Munich Supporters"*. Aber auch in Augsburg mit den *„Augsburg 98"* und Schwenningen mit der Gruppe *„SERC-Supporters 99"* bildeten sich noch vor der Jahrtausendwende Gruppen. Zu den bekanntesten und größten Gruppierungen gehören heute die „Supporters Crew" aus Mannheim sowie der „Düsseldorfer Supporters Club" um den Verein DEG. Charakteristisch für viele Eishockey-Ultras ist die Identifikation mit Ultragruppen aus der Schweiz, wo es eine größere und aktivere Ultraszene im Eishockey gibt. In der recht kleinen Szene bestehen sehr viele Kontakte unter den aktiven Mitgliedern der verschiedenen Gruppen, wobei Wert darauf gelegt wird, dass sich nicht jede aktive Fangruppe im Eishockey explizit als Ultras versteht.

### 5.19.3 Basketball

Ende der 90er Jahre entstanden auch im Basketball Ultragruppierungen, vor allem in südeuropäischen Staaten wie Serbien, Kroatien, Griechenland, Italien und Spanien. Aber auch in der Türkei und Russland entwickelten sich fanatische Fangruppierungen. In Serbien, der Türkei und vor allem in Griechenland gehören Choreographien aber auch Pyrotechnik (trotz großer Brandgefahr in den Hallen) zu den beliebtesten Präsentations- und Aktionsformen der dortigen Ultragruppen. In einigen Ländern, so zum Beispiel in Griechenland und Kroatien, unterstützen die Ultras eines Vereins sowohl die Fußball- als auch die Basketballmannschaft des Klubs. In Deutschland oder Frankreich gibt es trotz großer Beliebtheit des Basketballs so gut wie keine nennenswerte Ultraszene. Weil Basketball aber in den letzten Jahren immer mehr an Beliebtheit gewinnt (Tendenz weiter steigend), ist nicht auszuschließen, dass sich auch in nicht-südeuropäischen Staaten in den nächsten Jahren im Basketball eine Ultraszene entwickeln könnte. In Südamerika, vor allem in Argentinien, aber auch in China gibt es im Basketball Ultra- und ultraähnliche Gruppierungen. In den USA, dem Mutterland des Basketballs, gibt es bis heute keine nennenswerte Ultralandschaft.

# 6. Schlussbetrachtung

Ausblick

Die Ultrakultur steht schon so kurze Zeit nach ihrer Gründung am Scheideweg. Welchen Weg sie einschlägt und wie überlebensfähig sie ist, hängt von folgenden Entwicklungen ab:

Schaffen es die Ultras sich eindeutiger und klarer zu positionieren? Schaffen sie es, sich von den gewaltbereiten Fans innerhalb ihrer eigenen Szene, aber auch von den Hooligans zu distanzieren? Bleiben sie also bei ihren Wurzeln, einer gewaltfreien und unpolitischen Fankurve, oder durchmischen sie sich (weiter) mit Schlägern und Rechtsradikalen?

Welchen Umgangston stimmen die Verbände und Vereine in Zukunft an? Setzt man sich zusammen, so wie bei vielen Vereinen bereits geschehen, oder nimmt die Verdrängungspolitik, wie z.B. die des FC Bayern München, überhand?

Wie wird sich die Ultraszene in Italien entwickeln? Zeigt sich die deutsche Szene beeindruckt von den jüngsten Gewaltausbrüchen rund um italienische Stadien?

Ferner spielen natürlich auch gesamtgesellschaftliche Entwicklungen eine Rolle, die aktiv Einfluss auf die Ultrakultur nehmen können. Die italienische Gesellschaft hat es vorgemacht und gezeigt, wie sich politische Einstellungen in den Stadien wandeln können. Eine überwiegend verstärkte rechte politische Tendenz scheint gerade in ostdeutschen Stadien, ohne dies überzubewerten und zu pauschalisieren, zu existieren. Auch hier bleibt abzuwarten, wie die Gesellschaft damit umgeht und darauf reagiert.

Sowohl die Ultras als auch die Vereine und Verbände suchen derzeit nach Antworten auf diese Fragen. Alle Beteiligten müssen tragfähige Lösungen zur Schaffung einer Basis des gesunden Miteinanders finden. Ähnlich sehen es wohl auch die Ultras selbst. Steffen Krapf, Autor für das Ultramagazin „Blickfang Ultra", sieht die Zukunft der Gruppen wie folgt:

> „Wir sind fast an einem Punkt angekommen, an dem wir uns entscheiden müssen. Geben wir essentielle Werte und Ideale auf, um uns anzupassen, da ein Kampf in unserer momentanen Verfassung und der allgemeinen repressiven Lage aussichtslos erscheint? Damit erreichen wir wenigstens, das wir weiter in der heutigen Zeit überleben und das tun können, was unser Lebensinhalt ist: Nämlich ins Stadion gehen, um unseren Verein siegen zu sehen. Belügen wir uns aber damit nicht selber? Oder gibt es einen Mittelweg, der uns alle befriedigt? Oder aber: ziehen wir unseren Weg konsequent durch, mit dem Ergebnis, dass wir dem heutigen Fußball bald den Rücken kehren müssen, da er nicht mehr unseren Idealen entspricht, was aber gleichermaßen einem Selbstmord entspricht?" (Krapf 2007: 5)

## Fazit

Diese Studie konnte die Genese einer neuen Jugendkultur skizzieren. Die theoretische Abhandlung zu Beginn hat sowohl gesellschafts- als auch sozialisationstheoretische bzw. psychologische Konzepte vereint und geklärt, warum die Teilhabe an einer Jugendkultur, wie der der Ultras, in modernen Gesellschaften so wichtig für Jugendliche ist.

Anhand gesellschaftlicher Entwicklungen, unter besonderer Berücksichtigung fußballhistorischer Ereignisse im In- und Ausland, konnte zunächst der Werdegang des Fans beschrieben werden. Unter Einbeziehung der italienischen Fanszene konnte später die Grundlage der Ultrakultur identifiziert werden. Es zeigte sich, dass die Ultragruppen für die Jugendlichen inzwischen identitätsstiftender sind als die Liebe zum Verein.

Mit der Gründung der deutschen Ultrakultur erhielt nicht nur eine neue Fanszene Einzug in die Stadien, vielmehr entstand eine vielseitige Jugendsubkultur, die sich über Protest und Demonstration sowie über Provokation und Zuneigung definiert. Ihre erlebnisintensiven, kreativen und öffentlichkeitswirksamen Aktionen stellen den Motor für das rasche Wachsen der Ultragruppen dar. Die Forderungen der Ultras und die Inhalte ihrer Kultur, die zu den enormen Spannungen führen, sind teilweise gerechtfertigt, teilweise sicherlich übertrieben formuliert. Probleme treten immer dann auf, wenn sich die Ultras ausgegrenzt fühlen und so der Eindruck wächst, dass ihrer Forderung nach einem gewissen Maß an Mitbestimmung nicht nachgekommen wird.

Bei der Vielzahl der Reibungspunkte ist besonders das ordnungspolitische Ausmaß, egal ob von Polizei oder Verein inszeniert, zu hinterfragen, mit dem den Ultras entgegengetreten wird. Hierbei ist festzustellen, dass die Gestaltung oder das Handling von Gruppenprozessen von entscheidender Bedeutung ist, da effektives Vorgehen gewaltpräventiv wirken kann und darüber hinaus sogar Selbstregulationsprozesse innerhalb der Fangruppen freisetzt. Grundvoraussetzung hierfür ist jedoch, dass die Fans erkennen, dass Maßnahmen zu ihrem Schutz getroffen werden und nicht willkürlicher Natur sind. Wird dies fehlinterpretiert und so nicht erkannt, kann es zu einem weiteren Anstieg von Gewalt kommen. Wie effektives Vorgehen auszusehen hat, muss in Arbeitsgemeinschaften von Ultras, Fanbeauftragten, Vereinen, Verbänden und der Polizei geklärt werden. Auf diesem Gebiet lassen sich schon gute Ansätze finden, die unbedingt gefördert und fortgeführt werden müssen.

Von außen betrachtet scheint es, als würde noch immer der brutale und gefürchtete Hooligan in den Köpfen mancher Verantwortlicher herumschwirren, so dass sich einer neuen, anderen, offensiven und selbstbewussten Fankultur nicht geöffnet werden kann.

Sicherlich ist die Ultraszene nicht unproblematisch und außerdem ist zurzeit vieles noch in Bewegung, so dass eine genaue Positionierung der Szene schwer fällt. Im Verlauf dieser Arbeit wurde aber deutlich, dass man in Deutschland nicht von „der" Ultraszene sprechen kann bzw. sollte, wie es die Medien oder der DFB tun. Vielmehr muss die Szene differenzierter betrachtet werden.

Dementsprechend schwer fällt nun ein generelles Fazit auf die eingangs formulierte Forschungsfrage. Ein kleiner Teil der Ultras nutzt die Spannungen für gewalttätige Aktionen aus und ist somit derzeit unbestritten auf dem besten Weg, die Nachfolge der Hooligans anzutreten. Das betrifft aber wie gesagt nur einen sehr kleinen Teil. Vom Großteil der Ultras geht momentan jedoch keine überdurchschnittliche Gefahr ausgeht. Es sei aber nochmals darauf hingewiesen, dass gewisse Tendenzen existieren, deren Entwicklung aber abgewartet werden muss.

Kritisch anzumerken bleibt hier die nicht einheitliche Verwendung des Begriffs Gewalt auf Seiten aller Beteiligten. Während z.B. verbale oder psychische Gewalt, wie eingangs erwähnt, sozialwissenschaftlich sehr wohl relevant sein kann, kann sie bei Ordnungsinstanzen eher weniger ins Gewicht fallen und nicht als Gewalt an sich wahrgenommen werden.


Die Stigmatisierung der Fußballfans hat es den Ultras zu keiner Zeit erlaubt, sich unvoreingenommen entwickeln zu können. Daher möchte ich zum Schluss noch einmal betonen, dass diese neue Jugendkultur durchaus sehr viele positive Aspekte aufweist. Das Schönste und Wichtigste, so finde ich, ist, dass wir es hier mit Jugendlichen zu tun haben, die fest an etwas glauben, was ihnen richtig und wichtig erscheint, dafür einstehen und kämpfen. Und dies zum größten Teil friedlich.

# Literatur

**Adang, Otto / Schreiber, Martina / Stott, Clifford (2004):** Die Interaktion zwischen Fans und Ordnungsinstanzen und ihre langfristigen Auswirkungen. Vortrag bei der Bundeskonferenz der Fanprojekte in Leverkusen, 3. - 5. Mai 2004. Online unter: http://www.kos-fanprojekte.info/material/fanarbeit/interaktion-fans-ordnungskraft-01.htm

**Aschenbeck, Arndt (1998):** Fußballfans im Abseits. Kassel. Verlag: Agon Sportverlag

**Baacke, Dieter (1999):** Jugend und Jugendkulturen. Darstellung und Deutung. Weinheim / München. Verlag: Juventa

**Beck, Ulrich (1986):** Risikogesellschaft. Auf dem Weg in eine andere Moderne. Frankfurt am Main. Verlag: Suhrkamp

**Becker, Peter / Pilz, Gunter A. (1988):** Die Welt der Fans. Aspekte einer Jugendkultur. München. Verlag: Copress

**Blanz, Mathias (1998):** Wahrnehmung von Personen als Gruppenmitglieder: Untersuchungen zur Salienz sozialer Kategorien, Texte zur Sozialpsychologie, Band 4. Münster

**Brändle, Fabian / Koller, Christian (2002):** Goal!: Kultur- und Sozialgeschichte des modernen Fussballs. Zürich. Verlag: Orell Füssli

**Bündnis aktiver Fußballfans (AG Repression) (2004):** Chaoten und Wahnsinnige – Wie werden gefährliche Fans gemacht? In: Bündnis Aktiver Fußballfans B.A.F.F. [Hrsg.]: Ballbesitz ist Diebstahl – Fußballfans zwischen Kultur und Kommerz. Göttingen. Verlag: Die Werkstatt, S. 165-178

131

**Christ, Michaela (2001):** Ich bin anders. Fanstrukturen in Deutschland und den USA: (k)ein Kulturvergleich. Zwei Ethnographien deutscher (VfB Stuttgart-)Fußballfans und US-amerikanischer (New England Patriots-)Footballfans und eine soziologische Einordnung. Konstanz. Verlag: Hartung-Gorre, S. 1-25

**Coleman, James S. (1991):** Grundlagen der Sozialtheorie, Bd. 1: Handlungen und Handlungssysteme. München. Verlag: Oldenbourg

**Dal Lago, Alessandro (1990):** Descrizione di una battaglia – rituali del calcio. Bologna

**Dembowski, Gerd (2004 a):** Spieler kommen, Trainer gehen - Fans bleiben. Kleine Standortbestimmung der Fußballfans. In: Bündnis Aktiver Fußballfans B.A.F.F. [Hrsg.]: Ballbesitz ist Diebstahl: Fußballfans zwischen Kultur und Kommerz. Göttingen. Verlag: Die Werkstatt, S. 8-34

**Dembowski, Gerd (2004 b):** Sitzen ist immer noch für'n Arsch. Wie Stadien zu Arenen werden. In: Bündnis Aktiver Fußballfans B.A.F.F. [Hrsg.]: Ballbesitz ist Diebstahl: Fußballfans zwischen Kultur und Kommerz. Göttingen. Verlag: Die Werkstatt, S. 74-79

**DFL Deutsche Fußball Liga GmbH [Hrsg.] (2007):** Bundesliga Report 2007. Kapitel 3: Zur Lage der Liga. Online unter: http://www.bundesliga.de/misc/download/03_dfl_report2007_de.pdf

**Dunning, Eric (1979):** Die Entstehung des Fußballsports. In: Hopf, Wilhelm [Hrsg.]: Soziologie und Sozialgeschichte einer populären Sportart. Bensheim. Verlag: Päd-Extra, S. 42-53

**Eckert, Roland / Reis, Christa / Wetzstein, Thomas A. (2000):** ‚Ich will halt anders sein wie die anderen'. Abgrenzung, Gewalt und Kreativität bei Gruppen Jugendlicher. Opladen. Verlag: Leske + Budrich

**Ehlers, Christian (2004):** Profisport Fußball – Verraten und verkauft. In: Bündnis Aktiver Fußballfans B.A.F.F. [Hrsg.]: Ballbesitz ist Diebstahl: Fußballfans zwischen Kultur und Kommerz. Göttingen. Verlag: Die Werkstatt, S. 50-59

**Elias, Norbert (1985):** Die Gesellschaft der Individuen. Frankfurt am Main. Verlag: Suhrkamp

**Farin, Klaus (2001):** Generation-kick.de: Jugendsubkulturen heute. München. Verlag: C.H. Beck

**Gabler, Jonas (2009):** Ultrakulturen und Rechtsextremismus: Fußballfans in Deutschland und Italien. Köln. Verlag: PapyRossa

**Gabriel, Michael (2004 a):** Ultra-Bewegungen in Deutschland: Von Doppelhaltern und Choreographien - die Antwort der Kurve auf den Fußball als Event. In: B.A.F.F. [Hrsg.]: Ballbesitz ist Diebstahl: Fußballfans zwischen Kultur und Kommerz. Göttingen. Verlag: Die Werkstatt, S. 179-194

**Gabriel, Michael (2004 b):** „Und du gehst trotzdem weiter hin". Im Gespräch mit Ultras Frankfurt und Phoenix Sons Karlsruhe. In: B.A.F.F. [Hrsg.]: Ballbesitz ist Diebstahl: Fußballfans zwischen Kultur und Kommerz. Göttingen. Verlag: Die Werkstatt, S. 195-204

**Gerlings, Robert (2007):** Kutten, Ultras, Hooligans. Fans sind nicht gleich Fans. In: WAZ vom 14.11.2007

**Giesenbauer, Björn (2000):** Fantradition und sozialintegrative Wirkung des Fußballspiels heute. In: Tengelbeckers, W. Ludwig / Milles, Dietrich [Hrsg.]: Quo vadis, Fußball? Göttingen. Verlag: Die Werkstatt, S. 116-140

**Glindmeier, Mike (2009):** Kreative Derby-Rivalität im Fußball. Spott mit Stil. Spiegel-Online. Online unter: http://www.spiegel.de/sport/fussball/0,1518,651105,00.html

**Glindmeier, Mike (2007):** Protest zum Saisonauftakt. Bayern-Fans verhöhnen Hoeneß und Rummenigge. Spiegel-Online. Online unter                                                                   : http://www.spiegel.de/sport/fussball/0,1518,498719,00.html

**Green, Malcolm Ashley (2006):** Italienische Ultras vor der Fuß-ball-Weltmeisterschaft 2006 in Deutschland – Expertise für das Projekt „Soziale Arbeit und Polizei" im europäischen Kontext von Fanbetreuung. In: Pilz, Gunter A. u.a.: Wandlungen des Zuschau-erverhaltens im Profifußball. Schriftenreihe des Bundesinstituts für Sportwissenschaft, Band 114. Bonn. Verlag: Hofmann

**Griese, Hartmut M. (2000):** ‚Jugend(sub)kulturen' – Facetten, Probleme und Diskurse. In: Roth, Roland / Rucht, Dieter [Hrsg.]: Jugendkulturen, Politik und Protest. Vom Widerstand zum Kom-merz? Opladen. Verlag: Leske + Budrich, S. 37-47

**Großegger, Beate / Heinzlmaier, Bernhard (2002):** Jugendkul-tur Guide. Verlag: öbv&hpt

**Heitmeyer, Wilhelm (1988):** Jugendliche Fußballfans. Zwischen sozialer Entwertung und autoritär-nationalistischer Substituie-rung. In: Horak, Roman / Reiter, Wolfgang / Stocker, Kurt [Hrsg.]: „Ein Spiel dauert länger als 90 Minuten". Fußball und Gewalt in Europa. Hamburg. Verlag: Junius, S. 159-174

**Heitmeyer, Wilhelm / Olk, Thomas (1990):** Individualisierung von Jugend - Gesellschaftliche Prozesse - subjektive Verarbei-tungsformen - jugendpolitische Konsequenzen. Weinheim / Mün-chen. Verlag: Juventa

**Heitmeyer, Wilhelm / Peter, Jörg-Ingo (1992):** Jugendliche Fußballfans. Soziale und politische Orientierungen, Gesellungsformen, Gewalt. Weinheim. München: Juventa

**Hellmuth, Iris (2005):** Wiedersehen 20 Jahre nach dem Drama im Heysel-Stadion. Welt-Online. Online unter: http://www.welt.de/print-wams/article126174/Wiedersehen_2 0_Jahre_nach_dem_Drama_im_Heysel-Stadion.html#art icle_mailauthor

**Hopf, Wilhelm (1979):** „Wie konnte Fußball ein deutsches Spiel werden?" In: Hopf, Wilhelm [Hrsg.]: Soziologie und Sozialgeschichte einer populären Sportart. Bensheim. Verlag: Päd-Extra, S. 54-80

**Hortleder, Gerd (1974):** Die Faszination des Fußballspiels: Soziologische Anmerkungen zum Sport als Freizeit und Beruf. Frankfurt am Main. Verlag: Suhrkamp, S. 55-76

**Horvath, Daniela (2000):** Krieg in den Stadien: Gewalt und Rassismus erschüttern Italiens Fußball. In: Stern, Nr. 14 / 2000, S. 280f.

**Hradil, Stefan (1992):** Alte Begriffe und neue Strukturen. Die Milieu-, Subkultur- und Lebensstilforschung der 80er Jahre. In: Hradil, Stefan [Hrsg.]: Zwischen Bewußtsein und Sein: die Vermittlung ‚objektiver‘ Lebensbedingungen und ‚subjektiver‘ Lebensweisen. Opladen. Verlag: Leske + Budrich, S. 15-55

**Hurrelmann, Klaus (2007):** Lebensphase Jugend. Eine Einführung in die sozialwissenschaftliche Jugendforschung. Weinheim / München. Verlag: Juventa

**König, Thomas (2002):** Fankultur: Eine soziologische Studie am Beispiel des Fußballfans. Münster. Verlag: LIT

**Köster, Philipp (2001):** Ultras on speed. In: 11 Freunde – Magazin für Fußballkultur, Nr. 9 / 2001, S. 10-15

**Krapf, Steffen (2007):** Wir schreiben das Jahr 2007... In: Blickfang Ultra Nr. 1 / 2007, S. 4-5

**Kromrey, Helmut (2006):** Empirische Sozialforschung. Stuttgart. Verlag: Lucius&Lucius

**Kröner, Andreas (2005):** ULTRA-FANS. Auf den Spuren der Hooligans. Spiegel-Online. Online unter:
http://www.spiegel.de/sport/fussball/0,1518, 332855,00.html

**Kurp, Matthias (2006):** Fußball-Rechte so teuer wie nie zuvor. In Frankreich und England aber muss noch mehr gezahlt werden. Online unter:
http://www.medienmaerkte.de/artikel/free/061108_fussball.html

**LKA NRW (2002):** Jahresbericht Fußball Saison 2001/2002 Dezernat 43 (ZIS) gekürzte Fassung. Düsseldorf

**LKA NRW (2003):** Jahresbericht Fußball Saison 2002/2003 Dezernat 43 (ZIS) gekürzte Fassung. Düsseldorf

**LKA NRW (2008):** Jahresbericht Fußball Saison 2007/2008 Dezernat 43 (ZIS) gekürzte Fassung. Düsseldorf

**Muras, Udo (2005):** Ein bißchen Frieden nach der Tragödie von Heysel. Welt-Online. Online unter: http://www.welt.de/printwelt/article563540/Ein_bisschen_Frieden_nach_der_Tragoedie_von_Heysel.html

**Nationales Konzept Sport und Sicherheit (Arbeitsgruppe) (1992):** Ergebnisbericht. Düsseldorf

**Oehler, Claus (2001):** Eine Frage des Alters. In: 11 Freunde – Magazin für Fußballkultur, Nr. 9 / 2001, S. 8-11

**Otto, Mirko (2007):** Masse contra Klasse. In: Blickfang Ultra Nr. 3 / 2007, S. 17-21 und 47

**Pilz, Gunter A. u.a. (2006):** Wandlungen des Zuschauerverhaltens im Profifußball. Schriftenreihe des Bundesinstituts für Sportwissenschaft, Band 114. Bonn. Verlag: Hofmann

**Pilz, Gunter A. (o.J.):** Fußballfankulturen und Gewalt – Wandlungen des Zuschauerverhaltens: Vom Kuttenfan und Hooligan zum postmodernen Ultra und Hooltra. Online unter: http://www.sportwiss.uni-hannover.de/daten/lit/pil_zuschau erverhalten.pdf

**Pilz, Gunter A. (2005):** Vom Kuttenfan und Hooligan zum Ultra und Hooltra – Wandel des Zuschauerverhaltens im Profifußball. In: Deutsche Polizei, Nr. 11 / 2005, S. 6-12

**Reng, Ronald (1999):** Hillsborough ist noch nicht zu Ende. In: Berliner Zeitung vom 14.04.1999, S. 38

**Richter, Michael (2004):** Abschied von Hotte und Kulle? In: Kicker Sportmagazin Nr.16 / 2004, S. 12-14

**Rosenfelder, Andreas (2005):** Fußballfans. Sie können sich ihre Wappen selber basteln. In: F.A.Z. vom 23.11.2005, S. 46

**Schäfers, Bernhard / Scherr, Albert (2005):** Jugendsoziologie. Einführung in Grundlagen und Theorien. Wiesbaden. Verlag: VS

**Scheidle, Jürgen (2002):** Ultra(recht)s in Italien. In: Dembowski, Gerd / Scheidle, Jürgen [Hrsg.]: Tatort Stadion - Rassismus, Antisemitismus und Sexismus im Fußball. Köln. Verlag: PapyRossa, S. 90-109

**Scheu, Hans-Reinhard (2000):** Fußball und Fernsehen: Vom Wettlauf um den Wandel der Wirklichkeiten im Sport. In: Tengelbeckers, W. Ludwig / Milles, Dietrich [Hrsg.]: Quo vadis, Fußball? Göttingen. Verlag: Die Werkstatt, S. 28-41

**Schöngau, Birgit (2005):** Calcio: Die Italiener und ihr Fußball. Köln. Verlag: Kiepenheuer & Witsch, S. 133-157

**Schulze-Marmeling, Dietrich (1995):** Vom Spieler zum Fan. Kleine Geschichte der Fußballfans. In: Schulze-Marmeling, Dietrich [Hrsg.]: „Holt Euch das Spiel zurück"- Fans und Fußball. Göttingen. Verlag: Die Werkstatt

**Schulze-Marmeling, Dietrich (2000):** Fußball: Zur Geschichte eines globalen Sports, Göttingen. Verlag: Die Werkstatt

**Schwier, Jürgen (2005):** Die Welt der Ultras. Eine neue Generation von Fußballfans. In: Sport und Gesellschaft. Sport and Society. Nr. 1 / 2005, S. 21-38

**Sommerey, Marcus (2009 a):** Die Ultras und ihre Kritik an der Kommerzialisierung des Fußballs. Genese einer neuen Jugendkultur. In: Deutsche Jugend. Zeitschrift für die Jugendarbeit, Nr. 5 / 2009, Verlag: Juventa, S. 218-225

**Sommerey, Marcus (2009 b):** Identitätsarbeit in Jugend(sub)kulturen. In: Unsere Jugend. Die Zeitschrift für Studium und Praxis der Sozialpädagogik, Nr. 9 / 2009, Verlag: Ernst Reinhardt, S. 354-359

**Spiertz, Ansgar (2004):** Grounds to hopp on – Von denen, die auszogen, Stadien zu sammeln. In: Bündnis Aktiver Fußballfans B.A.F.F. [Hrsg.]: Ballbesitz ist Diebstahl: Fußballfans zwischen Kultur und Kommerz. Göttingen: Verlag: Die Werkstatt, S. 217-223

**Stott, C. / Hutchinson, P. / Drury, J. (2001):** 'Hooligans' abroad? Inter-group dynamics, social identity and participation in collective 'disorder' at the 1998 World Cup Finals. British Journal of Social Psychology, 40, S. 359-384

**Tajfel, Henri (1982):** Gruppenkonflikt und Vorurteil. Entstehung und Funktion sozialer Stereotypen. Bern / Stuttgart / Wien. Verlag: Hans Huber

**Tajfel, Henri / Turner, John C. (1979):** An integrative theory of intergroup conflict. In: Austin, William G. [Hrsg.]: The social psychology of intergroup relations. Monterey. Verlag: Brooks/Cole

**Tesar, Thomas / Leonhardsberger, Horst (2004):** Erst wenn das letzte Feuer erloschen ist... Rückblick auf fast vier Jahrzehnte Ultrà. Ballesterer Fußballmagazin, Nr. 14 / 2004, S. 10-14

**Thesing, Maik (2005):** Der Fanblock - verwaltete Kreativität. In: Stadionwelt: Das Fan- und Stadionmagazin, Nr. 15 / 2005, S. 26-32

**Trotha, Trutz von (1998):** Soziologie der Gewalt. In: Kölner Zeitschrift für Soziologie und Sozialpsychologie: Sonderhefte, 37. Opladen. Verlag: VS

**Utz, Richard / Benke, Michael (1997):** Hools, Kutten, Novizen und Veteranen. In: SpoKK [Hrsg.]: Kursbuch Jugend Kultur. Mannheim. Verlag: Bollmann, S. 102-115

**Wagner, Ulrich (1994):** Eine sozialpsychologische Analyse von Intergruppenbeziehungen. Göttingen u.a. Verlag: Hogrefe

## Elektronische Anfragen

E-Mail der *„Schickeria München"*, vom 12.05.09
*info@schickeria-muenchen.de*

E-Mail des *„Commando Cannstatt"* vom 13.05.09
*info@cc97.de*

E-Mail der *„Harlekins Berlin"* vom 22.06.09
*info@hb98.de*

E-Mail der *„Kohorte Duisburg"* vom 14.05.09
*anfragen@kohorte-duisburg.de*

Alle elektronischen Anfragen und Antworten liegen dem Verfasser vor.

# Webverzeichnis

## Ultra-Webseiten (deutsche Vereine):

http://www.block42.de
*(Block 42, Fortuna Düsseldorf)*

http://www.bn99.com
*(Brigade Nord 99, Hannover 96)*

http://www.cfhh.net
*(Chosen Few, HSV)*

http://www.cc97.de
*(Commando Cannstatt, VfB Stuttgart)*

http://www.commando-giessen.de
*(Commando Giessen, Eintracht Frankfurt)*

http://www.desperados-dortmund.de
*(Desperados, Borussia Dortmund)*

http://www.droogs99.de
*(Droogs 99, Eintracht Frankfurt)*

http://www.eastside-bremen.de
*(Eastside, Werder Bremen)*

http://www.filmstadtinferno.de
*(Filmstadtinferno, SV Babelsberg)*

http://www.fortuna-eagles.de
*(Fortuna-Eagles, Fortuna Köln)*

http://www.girlsunited-2000.de
*(Girls United, Fortuna Düsseldorf)*

http://www.harlekins-berlin.de
*(Harlekins, Hertha BSC Berlin)*

http://www.kohorte-duisburg.de
*(Kohorte Duisburg, MSV Duisburg)*

http://www.pska99.de
*(Phönix Sons, Karlsruhe SC)*

http://www.schickeria-muenchen.de
*(Schickeria München, FC Bayern München)*

http://suppenhuehner.htm99.de
*(Suppenhühner, Rot-Weiß Oberhausen)*

http://www.the-unity.de
*(The Unity, Borussia Dortmund)*

http://www.ub99.org
*(Ultras Bochum, VfL Bochum)*

http:/www.ultras-dynamo.de
*(Ultras Dynamo Dresden)*

http://www.ultras-frankfurt.de
*(Ultras Frankfurt, Eintracht Frankfurt)*

http://www.ultras-ge.de
*(Ultras Gelsenkirchen, Schalke 04)*

http://www.ultras-leverkusen.de
*(Ultras Leverkusen, Bayer Leverkusen)*

http://www.ultra-stpauli.com
*(USP, FC St. Pauli)*

http://www.unsere-sache.de
*(Cosa Nostra, 1860 München)*

http://www.weekend-brothers.de
*(Weekend Brothers, VfL Wolfsburg)*

http://www.wh96.de
*(Wilde Horde, 1. FC Köln)*

## Ultra-Webseiten (italienische Vereine):

http://www.alterativiola.it
*(Alterati Viola Firenze nel Nord, AC Florenz)*

http://www.boys-san.it
*(Boys San, Inter Mailand)*

http://www.brigaterossonere.net
*(Brigate Rossonere, AC Mailand)*

http://www.drughi.com
*(Drughi, Juventus Turin)*

http://www.irriducibili.com
*(Irriducibili, Lazio Rom)*

http://www.nucleo1985.it
*(Nucleo 1985, Juventus Turin)*

http://www.ultrastito.it
*(Tito Cucchiaroni, Sampdoria Genua)*

http://www.vikingjuve.com
*(Viking Juve, Juventus Turin)*

## **Weitere Webseiten**

http://www.aktive-fans.de
*(Bündnis aktiver Fußballfans – B.A.F.F.)*

http://www.bag-fanprojekte.de
*(Bundesarbeitsgemeinschaft der Fanprojekte)*

http://www.erlebnis-fussball.de
*(vereinsübergreifendes Fanzine)*

http://www.farenet.org
*(Football Against Racism in Europe)*

http://www.forza-roma.de
*(Index aller gelisteten Ultragruppen weltweit)*

http://www.kos-fanprojekte.info
*(Koordinationsstelle Fan-Projekte)*

http://www.noalcalciomoderno.it
*(Übersicht aller relevanten italienischen Ultra-Webseiten)*

http://www.progettoultra.it
(italienische Ultravereinigung)

http://www.ultrafans.de
*(Infos aus der Fanszene - parteiisch)*

http://www.ultras.ws
*(Internetforum für Ultras)*

http://www.weltfussball.de
*(Fußballportal)*

# Anhang

Ultramanifest[38]

Zukunftsvisionen:
Es wird Zeit, dass alle Fußballfans verstehen, was die UEFA, die
FIFA und die Fernsehanstalten unter tatkräftiger Mithilfe der natio-
nalen Verbände mit unserem Fußballsport veranstalten. Die Bestre-
bungen der Spitzenclubs gehen dahin, eine Europaliga einzurichten,
die im Endeffekt nur für die finanzstarken Vereine der einzelnen
Verbände gedacht ist. Dies würde diesen Vereinen aufgrund der
Vermarktung der TV-Rechte enorme Einnahmen sichern, die kleine-
ren Vereine würden aber ausgeschlossen und auf lange Sicht in den
Ruin getrieben.

Die Anzahl der Fernsehzuschauer würde sicherlich steigen, während
der Stadionfußball in seiner ursprünglichen Form nach und nach
verschwinden wird. In ein paar Jahren wird selbst der Rasen in den
Stadien mit Sponsorenwerbung verunstaltet werden und Choreographien werden verboten, weil sie die Aufmerksamkeit der Zuschauer am Bildschirm von den Werbetafeln abziehen. Es werden
hunderte Ordner in den Blöcken stehen, die Fans werden im ganzen
Stadionbereich von Videokameras aufgenommen, um zu verhindern, dass große Fahnen, Transparente oder Feuerwerkskörper ins
Stadion gelangen können. Und in ein paar Jahren werden selbst die
Leibchen unserer Spieler aussehen, wie die Anzüge von Formel-1-
Piloten, jeder Fleck von Werbung besetzt. In den Köpfen der Funktionäre nimmt die Zukunft bereits Gestalt an: es wird der gezähmte
Fan erwünscht, der moderate Stimmung verbreitet, aber nur soviel,
wie als Hintergrundeinspielung für die Fernsehübertragung notwen-

---

[38] Quelle: http://www.asromaultras.it/manifesto.html , Stand: 13.11.07

dig ist, der brav applaudiert, wenn man es verlangt und ansonsten still auf seinem Platz sitzt. Es wird keinen Platz mehr für Ultras geben.

Es gibt eine UEFA-Richtlinie, die besagt, dass die Fans sitzen müssen, man will keine Fans, die aktiv am Spiel teilhaben, man will die Art von Zuschauer, die man in einem Kino oder einem Theater antrifft. Diese Menschen verstehen nicht, dass Fußball unser Leben ist, dass wir für unseren Verein leben, dass wir unsere Schals und unsere Kleidung tragen, die unsere Stadt oder Region repräsentiert.

All die „Kurven" („curva") dieser Welt sollten in diesem Fall zusammenhalten und eine mächtige Einheit gegen die Fußball-Fabrik bilden.

Ultramanifest:

1. Spielertransfers sollten in den Saisonpausen abgewickelt werden, nicht während der Saison;

2. Die Freiheit für die Spieler, ihre Freude nach einem Goal auszudrücken, es ist nun möglich, diese Zeit nachspielen zu lassen.

3. Eine Beschränkung der ausländischen Spieler, um den heimischen Nachwuchs zu fördern.

4. Eine Sperre von einem Jahr für Spieler, die ihren Vertrag nicht erfüllt haben, weil ein anderer Verein mehr Geld geboten hat.

5. Die Beschränkung, dass Funktionäre eines Vereines nicht in einem zweiten Verein tätig sein dürfen, damit die Unmöglichkeit von Farm Teams

6. Die Wiederherstellung des alten Landesmeisterpokales mit einem automatisch qualifizierten Meister aus jedem Verband, anstelle einer Liga, in der der Ligavierte eines Landes Champions League Sieger werden kann.

7. Das Verbot, dass Clubs oder Verbände Billets für Auswärtsspiele exklusiv an Reiseveranstalter weitergeben dürfen.

Ultras sollten:

1. Jeden unnötigen Kontakt oder Hilfe durch die Vereine verweigern.

2. Jede Hilfe durch die Polizei verweigern.

3. Untereinander besser zusammenarbeiten.

4. In Eigenorganisation zu Auswärtsspielen reisen.

5. Mit den Ultras anderer Vereine zusammenarbeiten, um die „Ware TV-Fußball" unattraktiver zu machen.

6. Sich nicht von den Autoritäten unterdrücken lassen und bei Spielen unbedingt Präsenz zeigen.

# Bilder

*Abbildung 5: Choreographie der Ultras des AC Milan*

*Abbildung 6: Bengalische Feuer im Giuseppe-Meazza-Stadion*

Bildnachweis für Abbildung 5 und 6: Christian Kreickmann

Besuchen Sie auch die Webseite zum Buch: www.jugendkultur-ultras.de

*ibidem*-Verlag

Melchiorstr. 15

D-70439 Stuttgart

info@ibidem-verlag.de

www.ibidem-verlag.de
www.ibidem.eu
www.edition-noema.de
www.autorenbetreuung.de